7日間 読む 書く 話す

ハングル個人レッスン

화이팅!

ソ・ジェヒョン 著

東京堂出版

はじめに

　はじめまして、ソ・ジェヒョンです。
　僕は今、韓国のソウルで暮らしていますが、少し前に日本で約2年間、韓国語を教えていました。そのときのことが忘れられず、もっといろいろな方に韓国語を教えたい、韓国語を楽しんでもらいたいと思い、『読む 書く 話す　7日間 ハングル個人レッスン』を書きました。
　この本は、韓国語を覚えたいと思っているけど、読めない、話せない……、そんな方に向けた韓国語の入門書です。文字の書き方や発音の仕方、すぐに使えるフレーズ・単語、パソコンやスマートフォンの活用法をできるだけやさしくまとめました。
　文字が読めて、発音が聞き取れるようになれば、韓流ドラマもK-POPも旅行も、もっと楽しめます。一緒に少しずつ勉強していきましょうね。
　では、僕とあなたの「ハングル個人レッスン」を始めましょう！

ソ・ジェヒョン

PROFILE

名前：ソ・ジェヒョン／소재현
ニックネーム：ッソジェ／쏘재
生年月日：1983年9月14日／
1983년 9월 14일
出身地：ソウル／서울
出身大学：復旦大学(中国)／
푸단대학 (중국)
身長：188cm
体重：76kg
血液型：AB型／AB형
趣味：スポーツ、旅行／스포츠, 여행
特技：外国語(英語、中国語、日本語)、
水泳／외국어 (영어, 중국어,
일어), 수영
好きな食べ物：寿司／초밥
好きな俳優：イ・ビョンホン／이병헌
好きな女優：ソン・イェジン／손예진
好きなドラマ：『アントラージュ★
オレたちのハリウッド』／『안투라지』
好きな映画：『マトリックス』／
『메트릭스』
よく行くエリア：江南／강남

もくじ

- はじめに…2
- レッスンを始める前に…6

1日目

文字を覚えよう！ ①基本母音…9

ハングルは2つの音からできている…10／日本語の「あいうえお」にあたる基本母音…11／基本母音を使った単語…14／1日目のおさらいドリル…16

ピンポイントレッスン1 韓国語上達法…18

2日目

文字を覚えよう！ ②基本子音・激音・濃音…19

子音を覚えよう…20／基本の子音は10個…21／基本子音を使った単語…23／勢いよく発音する「激音」…25／激音を使った単語…26／つまった音で発音する「濃音」…27／濃音を使った単語…28／基本子音・激音・濃音の共通点…29／2日目のおさらいドリル…30

ピンポイントレッスン2 日本語と発音が似ている単語…32

3日目

文字を覚えよう！ ③合成母音…33

母音が2つで合成母音…34／合成母音は11個ある…35／合成母音を使った単語…38／ハングル表…40／3日目のおさらいドリル…44

ピンポイントレッスン3 同じ文字でも形がちがう！…46

4日目

文字を覚えよう！ ④パッチム…47

子音と母音の次にくる「パッチム」…48／パッチムは全部で7パターン…49／パッチムが2つあるときはどっちを読む？…51／自分の名前を書いてみよう！…52／ひらがな・ハングル対応表…53／4日目のおさらいドリル…54

ピンポイントレッスン4 辞書を使ってみよう…56

読む 書く 話す **7日間 ハングル 個人レッスン**

5日目

韓国語で話してみよう！ — 57

あいさつしてみよう…58／気持ちを表す…62／移動する…66／ショッピングで…70／レストラン・カフェで…74／居酒屋・Bar・クラブで…78／エステ・サウナ（汗蒸幕）で…80／コンサート・ファンミーティングで…82／デートで…84

ピンポイントレッスン 5 はやり言葉を使ってみよう！…88

6日目

便利な単語を覚えよう！ — 89

人の呼び方…90／数字・単位…92／雑貨・コスメ・お土産…94／ファッション…96／大きさ・形・色・デザイン…98／韓国料理・飲み物…100／韓流ドラマ・K-POP…102／恋愛…104

ピンポイントレッスン 6 毎月「14日」は愛の記念日…106

7日目

パソコン＆スマホでハングルを使おう！ — 107

パソコン＆スマホでできること…108／パソコンでハングル入力（Windows編）…109／スマホでハングル入力（Android編）…110／スマホでハングル入力（iPhone編）…111／パソコン＆スマホの便利な使い方…112／Twitter＆facebookを使ってみよう！…114

ピンポイントレッスン 7 日本語と間違えやすい言葉…116

SPECIAL

発音の変化にチャレンジ！ — 117

文字が続くと発音が変化することも！…118／音がつながる「連音化」①…119／音がつながる「連音化」②…120／濁った音で発音する「濁音化」…121／つまった音で発音する「濃音化」…122／[n][m][ng]の音で発音する「鼻音化」…123／強く息を吐いて発音する「激音化」…124／[n]の音を[l]の音で発音する「流音化」…125

■ **おわりに** — 126

レッスンを始める前に

　いよいよレッスンスタート！　と、その前に、ウォーミングアップをしましょう。9ページから始まる本格的なレッスンの前に知っておいてほしいことをまとめました。「韓国語って実は、難しくないかも……？」そんな風に思えるはずですよ！

発音を表す人工的な文字「ハングル」

　「ハングル」という言葉を聞いたことがあると思いますが、「ハングル」は、日本語の「ひらがな」や英語の「アルファベット」と同じように「韓国語を表す文字」のことです。今から500年以上前の15世紀に、世宗(セジョン)という王や学者たちによって人工的に作られました。1日目のレッスンで詳しく解説しますが、ハングルは母音と子音が組み合わさっていて、それぞれの文字が発音を表しています。

> 日本語と形はちがうけど韓国語は日本人が覚えやすい言葉なんだ！

韓国語は日本語と「そっくり」

　文字の形がちがうせいか、日本語と韓国語は、全く異なる言葉と思っていませんか？　実は、韓国語と日本語には「そっくり」なところがたくさんあるのです。主な「そっくり」を見てみましょう。

そっくり ❶　語順が同じ！

　韓国語と日本語は文章にしたときの単語の順番（語順）が「そっくり」です。日本語を英語にするときは、語順を入れ替えなければいけませんが、日本語を知っているあなたは、単語さえ覚えれば、かんたんに韓国語の文章を作ることができます。下の文章を見てみましょう。

　ね！　そっくりでしょ？　韓国語と日本語の語順が「そっくり」なのがわかってもらえたと思いますが、「は」や「に」などの助詞の使い方もよく似ています。だから、韓国語の文法を知らなくても、日本語の文章と同じ順番で韓国語の単語を並べて話すだけで相手に通じることがよくあります。

そっくり ② 韓国語も日本語も漢字を使う！

　日本では今も「漢字」をよく使いますが、韓国でも「ハングル」ではなく「漢字」を使うことがあります。さらに同じ漢字で表すことが多いため意味もよく似ていて、下の例のように、発音が「そっくり」な単語もたくさんあります。32ページのコラムでも詳しく紹介しますが、「日本語と韓国語はよく似た単語がたくさんある」ことを知っていれば、単語を覚えるときに役立ちます。

| 韓国語（ハングル） | ➡ | 漢字ではどちらも | ⬅ | 日本語（ひらがな） |

가수（カス） ➡ 歌手 ⬅ かしゅ

약속（ヤクソク） ➡ 約束 ⬅ やくそく

次のページから
レッスンスタート！
僕と一緒に
頑張ろうね!!

1日目 文字を覚えよう！

①基本母音

今日のテーマは「基本母音」。日本語でいう「あいうえお」から覚えるよ。さあ、レッスンスタート！

1日目の発音をYoutubeでCHECK！

上のQRコードを読み取るか、Youtubeで、 ジェヒョン ハングル で検索してね！

ハングルは2つの音からできている

　今日のレッスンのテーマは「母音」です。母音のことを知るまえに、まず下の図を見てみましょう。2つの文字がありますが、それぞれ、母音と子音が組み合わさってできていますね。ハングルには必ず、母音と子音を表す部分があり、母音と子音を組み合わせて読むと正しい発音になります。

POINT!
ハングルの中には必ず母音と子音があるよ!

日本語の「あいうえお」にあたる基本母音

　基本母音は日本語の「あいうえお」にあたるものです。全部で21個ありますが、今日はまず下の「基本母音」10個を覚えましょう。

日本語の母音	あ　い　う　え　お
韓国語の基本母音	ㅏ　ㅑ　ㅓ　ㅕ　ㅗ　ㅛ　ㅜ　ㅠ　ㅡ　ㅣ

長いタテ棒に短いヨコ棒がつくパターン

　基本母音の形にはいくつかのパターンがあります。最初に「長いタテ棒に短いヨコ棒がつくパターン」を見てみましょう。
　下の表は、母音と子音を組み合わせて発音するために、母音に無音を表す子音「ㅇ」(23ページの上参照)を組み合わせてあります。

		発音のポイント	書いてみよう
ア [a]	아	日本語の「ア」とほぼ同じで、口を大きめに開けて発音します。	아　아
ヤ [ya]	야	日本語の「ヤ」とほぼ同じで、口を大きめに開けて発音します。	야　야

発音はYouTubeでCHECK！ ジェヒョン ハングル で検索しよう!!

		発音のポイント	書いてみよう	
オ [o]	어	「ア」と「オ」の間のような音。「ア」の口の形で「オ」と発音します。	어	어
ヨ [yo]	여	「ヤ」と「ヨ」の間のような音。「ア」の口の形で「ヨ」と発音します。	여	여

長いヨコ棒に短いタテ棒がつくパターン

次は、「長いヨコ棒に短いタテ棒がつくパターン」。このパターンは必ず、子音の下に母音がくっつきます。

		発音のポイント	書いてみよう	
オ [o]	오	日本語の「オ」に近い音。口をややすぼめて発音します。	오	오
ヨ [yo]	요	日本語の「ヨ」に近い音。口をややすぼめて発音します。	요	요
ウ [u]	우	日本語の「ウ」に近い音。口をややすぼめて、口を突き出すように発音します。	우	우

12

| ユ
[yu] |  | 日本語の「ユ」に近い音。口をややすぼめて、口を突き出すように発音します。 | 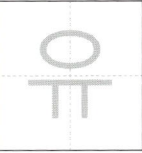 | 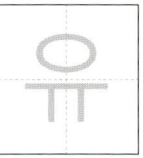 |

棒が1本のパターン

　最後の3つ目は、「棒が1本のパターン」。これは覚えやすいですね。母音は子音の右横か下にくっつきます。

		発音のポイント	書いてみよう	
ウ [u]		口元を左右に引いて、「イ」の口の形で「ウ」と発音します。	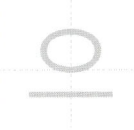	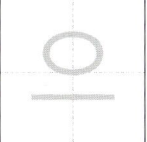
イ [i]		日本語の「イ」とほぼ同じ音。口元を左右にしっかり引いて発音します。		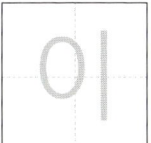

POINT! 短い棒が2本だと、必ずヤ行の音になるよ！

発音はYouTubeでCHECK！　ジェヒョン ハングル で検索しよう!!

基本母音を使った単語

基本母音だけの単語を集めました。読んで、書いて覚えましょう！

■ 子ども	아이 (アイ)	아이　아이
■ きゅうり	오이 (オイ)	오이　오이
■ 痛い！	아야 (アヤ)	아야　아야
■ 乳児	유아 (ユア)	유아　유아
■ 余裕	여유 (ヨユ)	여유　여유
■ キツネ	여우 (ヨウ)	여우　여우
■ 牛乳	우유 (ウユ)	우유　우유

■ 理由　이유(イユ)　이유　이유

■ 歯　이(イ)　이　이　이　이

POINT!
繰り返し書いて文字の形を体に染み込ませよう！

ジェヒョン先生からのメッセージ 1日目

1日目のレッスンはいかがでしたか？
「母音」や「子音」など、あまり聞きなれない言葉が出てきて驚いちゃったかもしれませんね。韓国語を覚えるときに、母音はとても重要なので、何度も書いて、発音して、練習しましょう。タテ棒とヨコ棒の向き、本数、長さに気をつければ、どの基本母音がどの発音になるか覚えやすいよ！

発音はYouTubeでCHECK！　ジェヒョン ハングル で検索しよう!!

1日目のおさらいドリル

1日目に学んだ「基本母音」についてのドリルです。
チャレンジしてみよう！

**❶ 次の中から正しい組み合わせの文字を
選びましょう。**

Ⓐ ㅑ　Ⓑ 아　Ⓒ 우

ヒント：母音は必ず文字の右か下にくるよ！

答え：

**❷ 次の中から「オ」の発音をする文字を
2つ選びましょう。**

Ⓐ 여　Ⓑ 오　Ⓒ 아　Ⓓ 으
Ⓔ 이　Ⓕ 어　Ⓖ 우　Ⓗ 유

ヒント：「オ」と発音する基本母音は、短い棒と長い棒の組み合わせだよ！

答え：

❸ 次の表の中の「ㅏ」と「ㅠ」を塗りつぶしたときに出てくるものは？

ㅗ	ㅑ	ㅏ	ㅣ	ㅏ	ㅗ	ㅠ	ㅑ
ㅣ	ㅑ	ㅠ	ㅏ	ㅠ	ㅏ	ㅏ	ㅕ
ㅑ	ㅕ	ㅏ	ㅠ	ㅏ	ㅠ	ㅠ	ㅗ
ㅕ	ㅗ	ㅕ	ㅠ	ㅏ	ㅏ	ㅕ	ㅛ
ㅏ	ㅛ	ㅗ	ㅣ	ㅠ	ㅑ	ㅣ	ㅜ
ㅡ	ㅠ	ㅛ	ㅜ	ㅏ	ㅡ	ㅕ	ㅏ
ㅛ	ㅑ	ㅠ	ㅕ	ㅠ	ㅗ	ㅠ	ㅑ
ㅑ	ㅜ	ㅕ	ㅠ	ㅏ	ㅠ	ㅜ	ㅗ

ヒント タテ棒とヨコ棒の長さや本数を確認しながら塗りつぶしていこう！

 **答え**

答えは次のページの下の部分へ ➡

17

Column

ピンポイントレッスン 1
韓国語上達法

♥ 文字の形に慣れよう！

　韓国語を勉強しはじめのころ、ハングルは何か意味のわからない「記号」にしか見えませんよね。……でも、文字をたくさん見続ければ、必ず文字として見えはじめ、たくさんの情報を与えてくれるようになるからご安心を。ポイントは覚えた文字を見ながら、声に出して読むことです。

♥ ドラマやK-POPで覚えよう！

　楽しみながら学びたいなら、ドラマや映画を見たり、K-POPを聞くのが効果的。セリフを聞くことで聞き取りの力が上達し、歌うことで発音を覚えられ、語い力も増え、初級から中級に進む上でポイントとなる連体形もスムーズに覚えられます。

　最後に、ソウルに遊びに行ったり、韓国人と話す機会があれば、覚えた表現はどんどん使ってみましょう。ソウルに行くチャンスがなくても、ドラマのセリフを真似するだけでもOK。まずはやはり、声に出して練習することが大切です！

1日目の答えは…… ➡ ❶Ⓑ、❷ⒷとⒻ、❸花

2日目 文字を覚えよう！
②基本子音・激音・濃音

2日目のテーマは「子音」。1日目の基本母音とあわせれば、文字が読めるようになるよ！

2日目の発音をYoutubeでCHECK！

上のQRコードを読み取るか、Youtubeで、 ジェヒョン ハングル で検索してね！

子音を覚えよう

　今日は「子音」のレッスンです。1日目で、「ハングルは母音と子音の組み合わせでできている」ことを勉強しましたが、下の図のように、子音は母音の上か左側につきます。子音には「基本子音（平音）」「激音」「濃音」といろいろな種類がありますが、少しずつ覚えていきましょう！

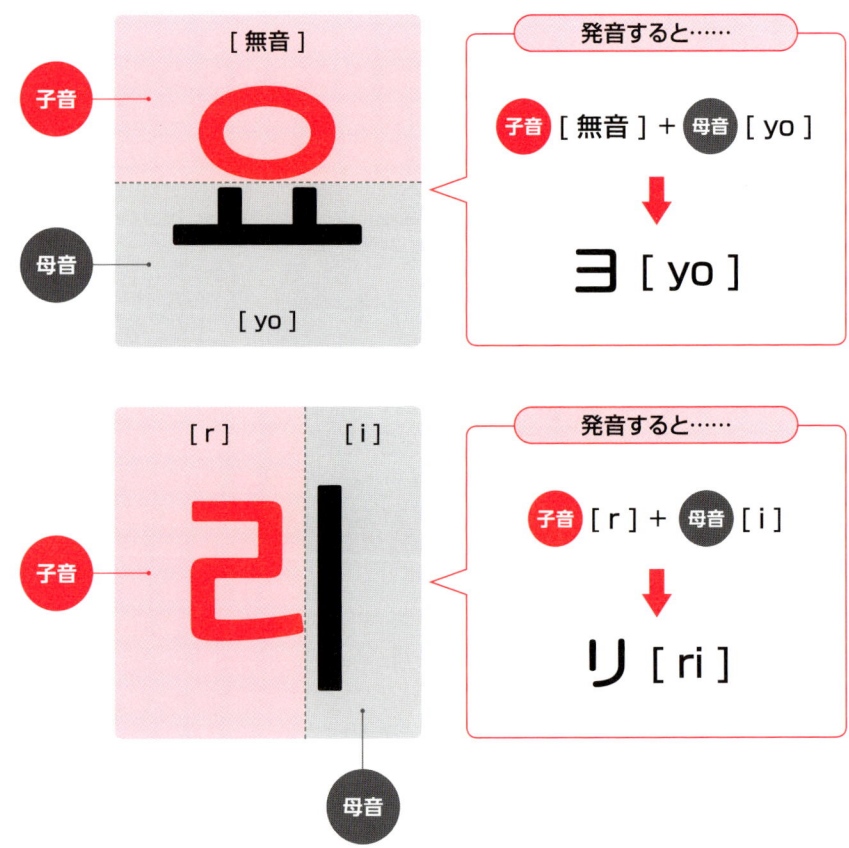

基本の子音は10個

まずは「基本子音」です。基本子音は全部で10個あります。

基本子音は日本人にとっては比較的発音しやすい音ですが、注意点がひとつあります。ㄱ、ㄷなどいくつかの基本子音は、単語の中でどの場所にあるかによって、音が濁ったり、濁らなかったりすることです。子音が語頭(ごとう)(単語の最初に文字がくる場合)にあるか語中(ごちゅう)(語頭以外の場合)にあるか気をつけて発音しましょう。

		発音のポイント	書いてみよう
カ・ガ [k/g]	가	日本語のカ行の音です。語中では濁ってガ行になります。「ㄱ」とも表記されます。	가　가
ナ [n]	나	日本語のナ行の音です。	나　나
タ・ダ [t/d]	다	日本語のタ行の音です。語中では濁ってダ行になります。	다　다
ラ [r/l]	라	日本語のラ行の音です。	라　라

発音はYouTubeでCHECK！ ジェヒョン ハングル で検索しよう!!

	発音のポイント	書いてみよう
	日本語のマ行の音です。	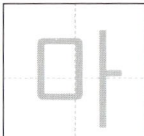 
	日本語のパ行の音です。語中ではバ行になります。	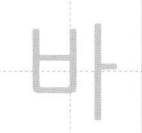 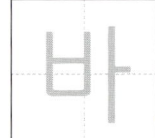
	日本語のサ行の音です。語中でも濁りません。	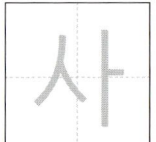 

POINT!
ㄱは語中でガ行の音になるけどㅅは語中でも濁らないよ！

	発音のポイント	書いてみよう

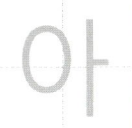

ア
[無音]

発音しません。母音だけの発音になることを示します。

チャ・ジャ
[ch/j]

日本語のチャ行の音です。語中では濁ってジャ行になります。「ㅈ」とも表記されます。

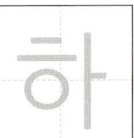

ハ
[h]

日本語のハ行の音です。語中でも濁りません。

基本子音を使った単語

　基本子音を使った単語だけ集めました。子音の位置や線の向きに気をつけて、線をなぞりながら覚えましょう。

■ 歌手　　가수（カス）

■ 家具　　가구（カグ）

発音はYouTubeでCHECK！ ジェヒョン ハングル で検索しよう!!

勢いよく発音する「激音(げきおん)」

　次の子音は「激音」です。激音とはその名のとおり、「激」しく発音する子音です。基本子音よりも強く息を吐いて発音します。激音の数は全部で4つ。どの激音も基本子音とは異なり、語中で濁ることはありません。「強く息を吐く」ことを意識しながら発音してみましょう。

　口の前にティッシュを1枚たらして、発音したときにティッシュが揺れれば成功！　激音の発音になっています。練習してみましょう。

		発音のポイント	書いてみよう
カ [k^h]	카	日本語のカ行を、息を強く吐き出しながら発音します。	카　카
タ [t^h]	타	日本語のタ行を、息を強く吐き出しながら発音します。	타　타
パ [p^h]	파	日本語のパ行を、息を強く吐き出しながら発音します。	파　파
チャ [ch^h]	차	日本語のチャ行を、息を強く吐き出しながら発音します。「ㅊ」とも表記されます。	차　차

発音はYouTubeでCHECK！　ジェヒョン ハングル で検索しよう!!

POINT!
「強く発音しすぎかな？」って思うくらいがちょうどいいよ！

激音を使った単語

　激音を使った単語を集めました。恥ずかしがらずに思いっきり強く息を吐いて発音しましょう。

■ コーヒー　　커피（コピ）　　커피　커피

■ 土地　　　　토지（トジ）　　토지　토지

■ ぶどう　　　포도（ポド）　　포도　포도

■ 唐辛子　　　고추（コチュ）　고추　고추

26

つまった音で発音する「濃音(のうおん)」

　3種類ある子音の最後は「濃音」です。全部で5つあります。濃音は、基本子音よりも息を詰めて発音します。濃音を発音するときは、小さい「っ」を頭につけることを意識してみましょう。激音と同じように、語中でも濁ることはありません。
　口の前にティッシュを1枚たらして、発音したときにティッシュが動かなければOK！　濃音の発音になっています。

		発音のポイント	書いてみよう
ッカ [kk]		日本語のカ行が詰まった音。「しっかり」の「っか」のように発音します。	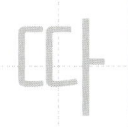 
ッタ [tt]		日本語のタ行が詰まった音。「しまった」の「った」のように発音します。	 
ッパ [pp]		日本語のパ行が詰まった音。「りっぱ」の「っぱ」のように発音します。		
ッサ [ss]		日本語のサ行が詰まった音。「どっさり」の「っさ」のように発音します	 

発音はYouTubeでCHECK！　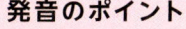　ジェヒョン ハングル　で検索しよう!!

	発音のポイント	書いてみよう
ッチャ [cch]　짜	日本語のチャ行が詰まった音。「みっちゃく」の「っちゃ」のように発音します。「ㅉ」とも表記されます。	짜　짜

POINT!
ティッシュを使って練習しよう！
激音は揺れるけど、濃音は揺れないよ！

濃音を使った単語

濃音を使った単語を集めました。繰り返し書いて、発音して、濃音の形と発音を覚えましょう。

■ カササギ　까치(ッカチ)　　까치　까치

■ お兄ちゃん　오빠(オッパ)　　오빠　오빠

28

■ しっぽ **꼬리**(ッコリ) 꼬리 꼬리

基本子音・激音・濃音の共通点

　ここまで、いろいろな子音を見てきましたが、共通点に気づきましたか？　下の表のように、基本子音と激音、濃音では、形だけでなく発音も似ているものがあります。セットにして覚えましょう！

基本子音	가(カ)	다(タ)	바(パ)	사(サ)	자(チャ)
激音	카(カ)	타(タ)	파(パ)	-	차(チャ)
濃音	까(ッカ)	따(ッタ)	빠(ッパ)	싸(ッサ)	짜(ッチャ)

ジェヒョン先生からのメッセージ 2日目

　今日は子音について勉強しました。全部合わせると19種類もあるので、慣れないうちは混乱してしまうかもしれませんね……。でも、基本母音のときと同じように、まずは繰り返し書いて、発音することが大切です。
　基本子音、激音、濃音の発声方法の違いに気をつけて繰り返し発音してみましょう！

発音はYouTubeでCHECK！　ジェヒョン ハングル で検索しよう!!

2日目のおさらいドリル

2日目に勉強した「子音」についてのドリルです。できるかな〜？

❶ 次の中から正しい組み合わせの文字を選びましょう。

Ⓐ ㅏㄱ　Ⓑ 가　Ⓒ ㄱㅗ

ヒント：子音は必ず母音の左か上につくよ

答え　□

❷ 次の中から、つまったような音で発音する文字（濃音）を2つ選びましょう。

Ⓐ 커　Ⓑ 빠　Ⓒ 따
Ⓓ 차　Ⓔ 수　Ⓕ 요

ヒント：濃音は基本子音を2つ並べた形だよ！

答え　□

❸ 次の中から、勢いよく発音する文字（激音）を2つ選びましょう。

뽀　쩌　쑈　버　머
떠　꼬　　차　　또　러
　　　쭈　　　　
　　뽀　　　라　
　　　나　바　　파　뀨
　　마　
야　　　　　쏘
　　랴　꼬　　　사　뜨
씨　　갸　　삐

ヒント　基本子音と濃音が入っている文字を外せば、激音の文字だけになるよ！

答え

答えは次のページの下の部分へ

Column

日本語と発音が似ている単語

♥日本でも韓国でも「おんど」は「オンド」

韓国語は使われている単語の7割くらいが「漢字語」という、漢字に由来するものです。しかも、その中には日本語と発音がほとんど同じか似ているものもたくさんあります。これは、日本も韓国も、中国から伝わった漢字をそれぞれの国の言葉に合わせて発音したからです。「温度」と「온도（温度）」のように、音が似通った単語は、意味もほとんど同じなので、とても便利です。

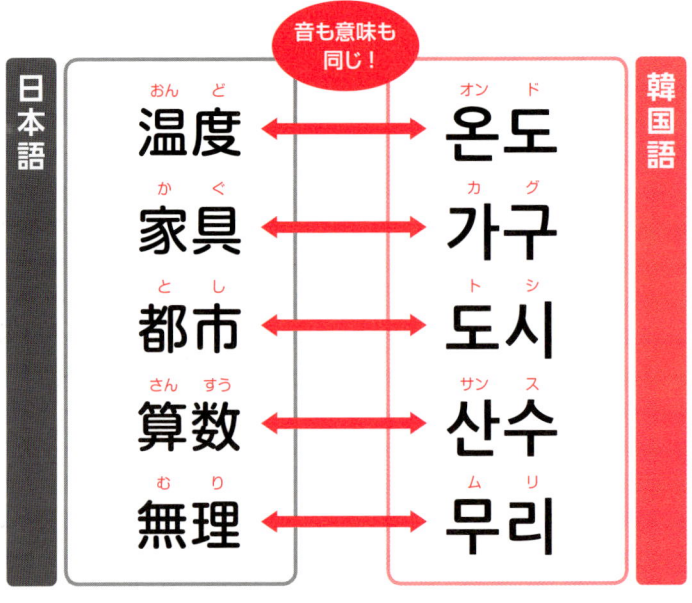

2日目の答えは…… ➡ ❶Ⓑ、❷ⒷとⒸ、❸차と파

3日目 文字を覚えよう！

③合成母音

3日目は「合成母音」を覚えようね。
形はちょっと複雑に見えるけどカンタンだよ！

3日目の発音をYoutubeでCHECK！

上のQRコードを読み取るか、Youtubeで、 ジェヒョン ハングル で検索してね！

母音が2つで合成母音

今日は「合成母音」についてレッスンしましょう。1日目に「基本母音」を学びましたが、下の図のように、基本母音を2つ以上組み合わせると合成母音になります。一見複雑に見えますが、母音の組み合わせに気をつければ覚えやすいですよ。

POINT！
母音と母音を合わせると合成母音になるよ！

合成母音は11個ある

下の囲みにあるように、合成母音は11個あります。元になる基本母音が分かりますか？ これから3つのパターンにわけて見てみましょう。

合成母音	ㅐ ㅒ ㅔ ㅖ ㅘ ㅙ ㅚ ㅝ ㅞ ㅟ ㅢ

ㅏやㅓからできている合成母音

合成母音の組み合わせは、大きくわけて3つあります。まずは、ㅏやㅓからできている合成母音です。

	元の母音と発音のポイント	書いてみよう
エ [e] 애	ㅏ[a]＋ㅣ[i]。日本語の「エ」に近い音。口を大きく開けて発音します。	애 애
イェ [ye] 얘	ㅑ[ya]＋ㅣ[i]。日本語の「イェ」に近い音。口を大きく開けて発音します。	얘 얘
エ [e] 에	ㅓ[o]＋ㅣ[i]。日本語の「エ」に近い音。	에 에

発音はYouTubeでCHECK！ ジェヒョン ハングル で検索しよう!! 35

		元の母音と発音のポイント	書いてみよう
イェ・エ [ye]	예	ㅕ[yo]+ㅣ[i]。日本語の「イェ」に近い音。「ㅇ」以外の子音と組み合わさると「エ」の発音になります。	예 예

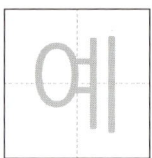

POINT!
예は、「イェ」と発音するときと「エ」と発音するときがあるから気をつけよう！

ㅗやㅜからできている合成母音

2つ目は、ㅗやㅜからできている合成母音です。6つありますが、どれも、日本語の「わ行」に近い発音になります。

		元の母音と発音のポイント	書いてみよう
ワ [wa]	와	ㅗ[o]+ㅏ[a]。日本語の「ワ」に近い音。	와 와
ウェ [we]	왜	ㅗ[o]とㅐ[e]。日本語の「ウェ」に近い音。口を大きく開けて発音します。	왜 왜

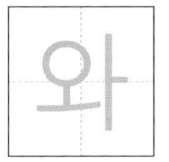

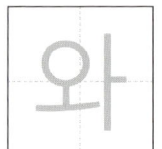

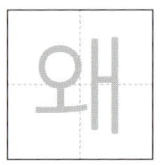

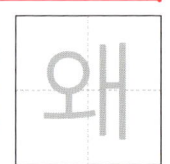

		元の母音と発音のポイント	書いてみよう	
ウェ [we]	외	ㅗ[o]＋ㅣ[i]。日本語の「ウェ」に近い音。口をすぼめて突き出すようにして発音します。	외	외
ウォ [wo]	워	ㅜ[u]＋ㅓ[o]。日本語の「ウォ」に近い音。	워	워
ウェ [we]	웨	ㅜ[u]＋ㅔ[e]。日本語の「ウェ」に近い音。	웨	웨
ウィ [wi]	위	ㅜ[u]＋ㅣ[i]。日本語の「ウィ」に近い音です。	위	위

棒が1本の母音からできている合成母音

　最後は、棒が1本の母音を組み合わせた合成母音です。合成母音はひとつだけですが、発音の仕方は3つあります。

		元の母音と発音のポイント	書いてみよう
ウイ・イ・エ [wi]	의	ㅡ[u]＋ㅣ[i]。語頭では口を左右に引いて「ウイ」、語中では「イ」と発音します。「〜の」という助詞のときには「エ」と発音します。	의

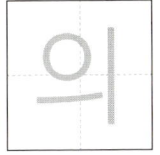

発音はYouTubeでCHECK!　ジェヒョン ハングル　で検索しよう!!　37

合成母音を使った単語

　合成母音を使った単語を集めました。合成母音は棒の数が多いので間違えやすいですが、子音と組み合わせたときの音に注意して発音し、繰り返し書いて覚えましょう。

- 梨　배（ペ）
- 話　얘기（イェギ）
- 昨日　어제（オジェ）
- はい　예（イェ）
- 野外　야외（ヤウェ）
- お菓子　과자（クァジャ）

- 豚　돼지(テジ)　돼지　돼지

- シャワー　샤워(シャウォ)　샤워　샤워

- 会議　회의(フェイ)　회의　회의

POINT!

회의は「フェイ」だけど、의회（議会）は「ウイフェ」と発音するよ！

ジェヒョン先生からのメッセージ 3日目

　今日は合成母音について勉強しました。ちょっと難しかったかな？　最初は覚えきれないかもしれないけど、やっぱりこれまでと同じように、何度も繰り返し書いて、発音することが大切です。

　特に예と의は、2つ以上の発音方法があるから、どういうときにどの発音になるか気をつけましょう。

発音はYouTubeでCHECK！　ジェヒョン ハングル で検索しよう!!

ハングル表 ① （基本母音と基本子音・激音・濃音の組み合わせ）

	基本子音							
	ㄱ [k]	ㄴ [n]	ㄷ [t]	ㄹ [r/l]	ㅁ [m]	ㅂ [p]	ㅅ [s]	ㅇ [無音]
ㅏ [a]	가 カ	나 ナ	다 タ	라 ラ	마 マ	바 パ	사 サ	아 ア
ㅑ [ya]	갸 キャ	냐 ニャ	댜 ティャ	랴 リャ	먀 ミャ	뱌 ピャ	샤 シャ	야 ヤ
ㅓ [o]	거 コ	너 ノ	더 ト	러 ロ	머 モ	버 ポ	서 ソ	어 オ
ㅕ [yo]	겨 キョ	녀 ニョ	뎌 ティョ	려 リョ	며 ミョ	벼 ピョ	셔 ショ	여 ヨ
ㅗ [o]	고 コ	노 ノ	도 ト	로 ロ	모 モ	보 ポ	소 ソ	오 オ
ㅛ [yo]	교 キョ	뇨 ニョ	됴 ティョ	료 リョ	묘 ミョ	뵤 ピョ	쇼 ショ	요 ヨ
ㅜ [u]	구 ク	누 ヌ	두 トゥ	루 ル	무 ム	부 プ	수 ス	우 ウ
ㅠ [yu]	규 キュ	뉴 ニュ	듀 テュ	류 リュ	뮤 ミュ	뷰 ピュ	슈 シュ	유 ユ
ㅡ [u]	그 ク	느 ヌ	드 トゥ	르 ル	므 ム	브 プ	스 ス	으 ウ
ㅣ [i]	기 キ	니 ニ	디 ティ	리 リ	미 ミ	비 ピ	시 シ	이 イ

基本母音

> このページと次のページの表に、基本となるハングルが載っているよ！ 書き方が分からなくなったときはこのページに戻ってきてね。

		激音				濃音			
ㅈ [ch]	ㅎ [h]	ㅊ [chʰ]	ㅋ [kʰ]	ㅌ [tʰ]	ㅍ [pʰ]	ㄲ [kk]	ㄸ [tt]	ㅃ [pp]	ㅆ [ss]	ㅉ [tch]
자 チャ	하 ハ	차 チャ	카 カ	타 タ	파 パ	까 ッカ	따 ッタ	빠 ッパ	싸 ッサ	짜 ッチャ
쟈 チャ	햐 ヒャ	챠 チャ	캬 キャ	탸 ティャ	퍄 ピャ	꺄 ッキャ	—	뺘 ッピャ	—	쨔 ッチャ
저 チョ	허 ホ	처 チョ	커 コ	터 ト	퍼 ポ	꺼 ッコ	떠 ット	뻐 ッポ	써 ッソ	쩌 ッチョ
져 チョ	혀 ヒョ	쳐 チョ	켜 キョ	텨 ティョ	펴 ピョ	껴 ッキョ	뗘 ッティョ	뼈 ッピョ	—	쪄 ッチョ
조 チョ	호 ホ	초 チョ	코 コ	토 ト	포 ポ	꼬 ッコ	또 ット	뽀 ッポ	쏘 ッソ	쪼 ッチョ
죠 チョ	효 ヒョ	쵸 チョ	쿄 キョ	툐 ティョ	표 ピョ	꾜 ッキョ	—	뾰 ッピョ	쑈 ッショ	—
주 チュ	후 フ	추 チュ	쿠 ク	투 トゥ	푸 プ	꾸 ック	뚜 ットゥ	뿌 ップ	쑤 ッス	쭈 ッチュ
쥬 チュ	휴 ヒュ	츄 チュ	큐 キュ	튜 テュ	퓨 ピュ	뀨 ッキュ	—	쀼 ッピュ	—	쮸 ッチュ
즈 チュ	흐 フ	츠 チュ	크 ク	트 トゥ	프 プ	끄 ック	뜨 ットゥ	쁘 ップ	쓰 ッス	쯔 ッチュ
지 チ	히 ヒ	치 チ	키 キ	티 ティ	피 ピ	끼 ッキ	띠 ッティ	삐 ッピ	씨 ッシ	찌 ッチ

ハングル表 ② （合成母音と基本子音・激音・濃音の組み合わせ）

		基本子音							
		ㄱ [k]	ㄴ [n]	ㄷ [t]	ㄹ [r/l]	ㅁ [m]	ㅂ [p]	ㅅ [s]	ㅇ [無音]
基本母音	ㅐ [e]	개 ケ	내 ネ	대 テ	래 レ	매 メ	배 ペ	새 セ	애 エ
	ㅒ [ye]	걔 ケ	ー	ー	ー	ー	ー	섀 シェ	얘 イェ
	ㅔ [e]	게 ケ	네 ネ	데 テ	레 レ	메 メ	베 ペ	세 セ	에 エ
	ㅖ [ye]	계 ケ	녜 ネ	뎨 テ	례 レ	ー	볘 ペ	ー	예 イェ
	ㅘ [wa]	과 クァ	놔 ヌァ	돠 トゥァ	롸 ルァ	뫄 ムァ	봐 プァ	솨 スァ	와 ワ
	ㅙ [we]	괘 クェ	ー	돼 トェ	ー	ー	봬 プェ	쇄 スェ	왜 ウェ
	ㅚ [we]	괴 クェ	뇌 ヌェ	되 トェ	뢰 ルェ	뫼 ムェ	뵈 プェ	쇠 スェ	외 ウェ
	ㅝ [wo]	궈 クォ	눠 ヌォ	둬 トゥォ	뤄 ルォ	뭐 ムォ	붜 プォ	숴 スォ	워 ウォ
	ㅞ [we]	궤 クェ	눼 ヌェ	뒈 トェ	뤠 ルェ	뭬 ムェ	붸 プェ	쉐 スェ	웨 ウェ
	ㅟ [wi]	귀 クィ	뉘 ヌィ	뒤 トゥィ	뤼 ルィ	뮈 ムィ	뷔 プィ	쉬 シュィ	위 ウィ
	ㅢ [wi]	긔 キ	늬 ニ	ー	ー	ー	ー	ー	의 ウイ

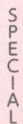

> このページと前のページの表に、ほとんどのハングルが載っているよ！　書き方が分からなくなったときはこのページに戻ってきてね。

	激音						濃音				
ㅈ	ㅎ	ㅊ	ㅋ	ㅌ	ㅍ	ㄲ	ㄸ	ㅃ	ㅆ	ㅉ
[ch]	[h]	[chh]	[kh]	[th]	[ph]	[kk]	[tt]	[pp]	[ss]	[tch]
재 チェ	해 ヘ	채 チェ	캐 ケ	태 テ	패 ペ	깨 ッケ	때 ッテ	빼 ッペ	쌔 ッセ	째 ッチェ
쟤 チェ	—	—	—	—	—	—	—	—	—	—
제 チェ	헤 ヘ	체 チェ	케 ケ	테 テ	페 ペ	께 ッケ	떼 ッテ	뻬 ッペ	쎄 ッセ	쩨 ッチェ
—	혜 ヘ	쳬 チェ	켸 ケ	톄 テ	폐 ペ	꼐 ッケ	—	—	—	쪠 ッチェ
좌 チュア	화 ファ	촤 チュア	콰 クァ	톼 トゥア	퐈 プァ	꽈 ックア	똬 ットゥア	—	쏴 ッスア	쫘 ッチュア
좨 チュエ	홰 フェ	—	쾌 クェ	퇘 トェ	—	꽤 ックェ	뙈 ットェ	—	쐐 ッスェ	쫴 ッチュエ
죄 チュエ	회 フェ	최 チュエ	쾨 クェ	퇴 トェ	포 プェ	꾀 ックェ	뙤 ットェ	뾔 ップェ	쐬 ッスェ	쬐 ッチュエ
줘 チュオ	훠 フォ	춰 チュオ	쿼 クォ	퉈 トゥォ	풔 プォ	꿔 ックォ	—	—	쒀 ッスォ	쭤 ッチュオ
줴 チュエ	훼 フェ	췌 チュエ	퀘 クェ	퉤 トェ	—	꿰 ックェ	뛔 ットェ	—	쒜 ッスェ	—
쥐 チュィ	휘 フィ	취 チュィ	퀴 クィ	튀 トゥィ	퓌 プィ	뀌 ックィ	뛰 ットゥィ	—	쒸 ッシュィ	쮜 ッチュィ
—	희 ヒ	—	—	티 ティ	—	띄 ッティ	—	씌 ッシ	—

43

3日目のおさらいドリル

3日目に勉強した「合成母音」についてのドリルです。頑張って解いてみよう！

❶ 次の母音の組み合わせのうち、合成母音のなりたちとして正しいものを選びましょう。

Ⓐ ㅜ + ㅣ → ㅖ

Ⓑ ㅜ + ㅔ → ㅞ

ヒント　短いヨコ棒の本数に注目！

答え

❷ 次の中から、「イェ」と発音する合成母音を2つ選びましょう。

Ⓐ 외　Ⓑ 여　Ⓒ 애　Ⓓ 예

ヒント　ひとつだけ紛れている基本母音に注意！

答え

❸ 下の図の「START」から出発して、「合成母音」を選んで進んだときに、「GOAL」でたどりつくのは①〜⑧のうち、どれでしょう。

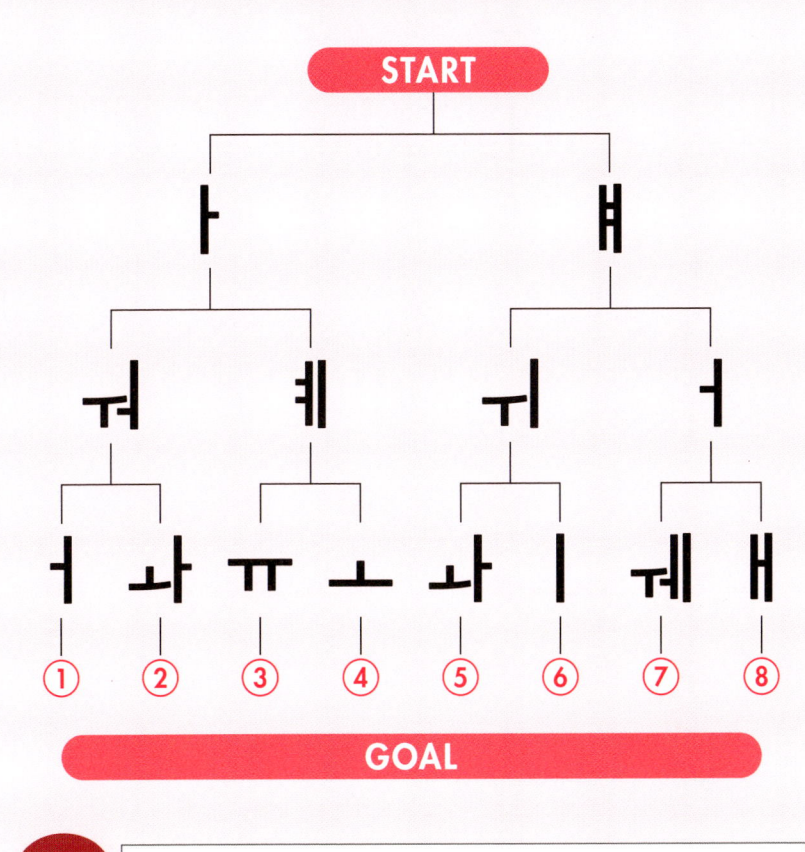

START

ㅏ　　　　　ㅐ

ㅓ　　ㅔ　　ㅟ　　ㅓ

ㅏ　ㅘ　ㅠ　ㅗ　ㅗ　ㅣ　ㅖ　ㅐ
①　②　③　④　⑤　⑥　⑦　⑧

GOAL

ヒント　基本母音を組み合わせたものが合成母音だよ！

答え

答えは次のページの下の部分へ

45

Column

ピンポイントレッスン 3

同じ文字でも形がちがう!

♥いろんな書体で見比べてみよう

　ハングルには、代表的な書体のゴシック系や明朝系以外にもさまざまな書体があり、比べるとかなり見た目が異なります。慣れてしまえば問題ないけど、初めは全く違う文字に見えることも……。下の文字を見比べてみましょう。最近では時代劇のタイトルでも見かけられる毛筆の文字などもそうですが、書き文字は韓国人特有の癖があり、読むのも一苦労です。

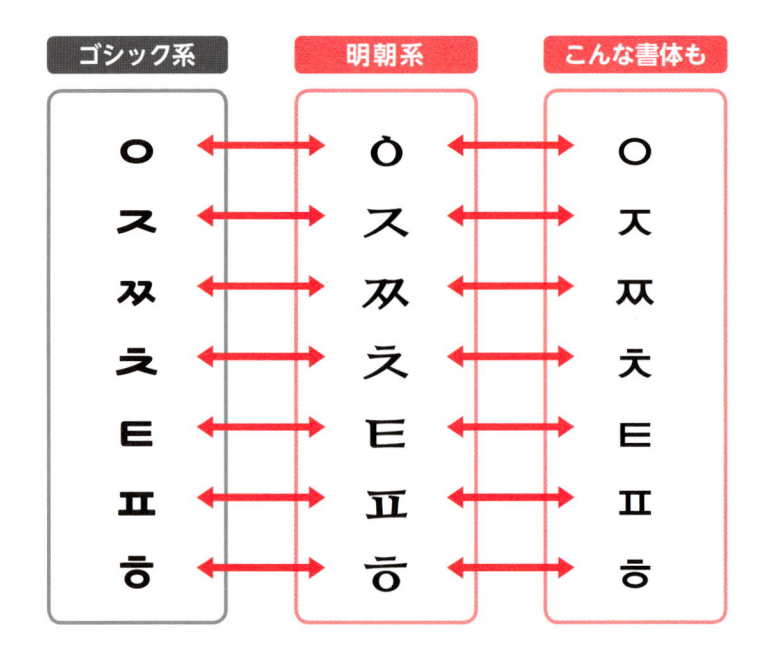

ゴシック系	明朝系	こんな書体も
ㅇ	ㅇ	ㅇ
ㅈ	ㅈ	ㅈ
ㅉ	ㅉ	ㅉ
ㅊ	ㅊ	ㅊ
ㅌ	ㅌ	ㅌ
ㅍ	ㅍ	ㅍ
ㅎ	ㅎ	ㅎ

3日目の答えは……　➡　❶Ⓑ、❷ⒸとⒹ、❸⑤

文字を覚えよう！
④パッチム

4日目

4日目のテーマは「パッチム」。「パッチムって何だろう？」ってところからレッスンを始めるよ！

4日目の発音をYoutubeでCHECK！

上のQRコードを読み取るか、Youtubeで、 ジェヒョン ハングル で検索してね！

子音と母音の次にくる「パッチム」

　今日は4日目、文字についてのレッスンはこれで最後です。文字の一番下につく子音「パッチム」について学びましょう。パッチムとは、日本語にすると「支えるもの」という意味で、下の図のように、산（山）のㄴ、봄（春）のㅁのように、必ず文字の一番下につきます。

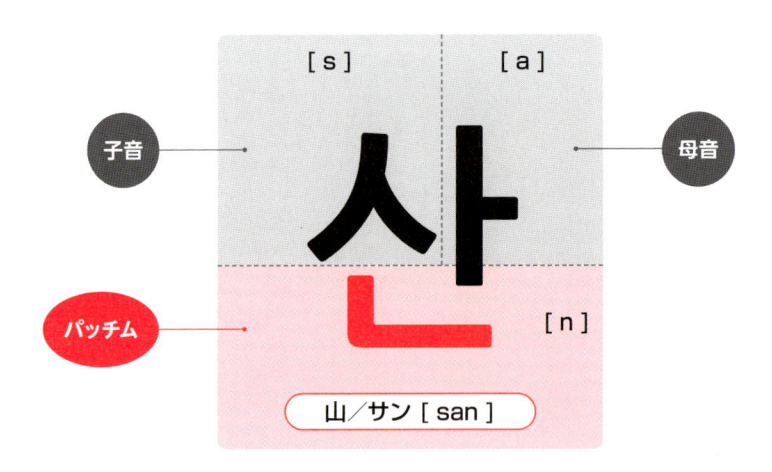

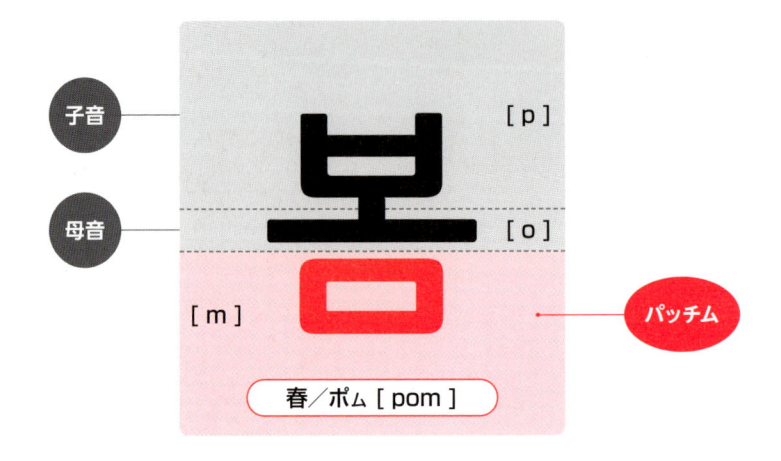

[s] [a]

子音　母音

산

パッチム　[n]

山／サン [san]

[p]

子音

봄

母音　[o]

[m]　パッチム

春／ポム [pom]

48

パッチムは全部で7パターン

パッチムは全部で27種類ありますが、発音は7パターンに分けられます。それぞれの発音ごとに覚えましょう。またパッチムは、[mu]、[pu]と発音せずに、子音だけで[m]、[p]と発音するようにしましょう。

	パッチム	発音のポイント	単語の例
[n]	ㄴ, ㄵ, ㄶ	「ばんのう」「かんない」を「ん」で止めたときの音。舌先を上あごにつけて発音します。	산 (サン) 山 / 눈 (ヌン) 目
[ng]	ㅇ	「りんご」の「ん」のように、口は開いたままの状態で、のどの奥の方から発音します。	강 (カン) 川 / 공 (コン) ボール

POINT!

7種類あるパッチムの発音を覚えよう！

発音はYouTubeでCHECK！ ジェヒョン ハングル で検索しよう!!

	パッチム	発音のポイント	単語の例
[m]	ㅁ, ㄻ	[m]と発音します。「さんま」と言うときに、口を閉じたときの「ん」の音です。	봄(ボム) 春 몸(モム) 体
[p]	ㅂ, ㅍ, ㅄ, ㄼ, (ㄿ)	「やっぱり」と言うときに、「っ」で口の動きを止めた音。口を閉じ、息を止めて発音します。ㄼは通常[l]の発音ですが、밟다（踏む）だけは「パㇷ゚タ」となります。	밥(パプ) ご飯 값(カプ) 値段
[k]	ㄱ, ㅋ, ㄲ, ㄳ, ㄺ	「しっかり」と言うときに、「っ」で止めた音。喉の奥をふさぐように発音します。	약(ヤク) 薬 책(チェク) 本
[t]	ㄷ, ㅅ, ㅈ, ㅊ, ㅌ, ㅆ, ㅎ	「しまった」「やっと」と言うときに、「っ」で止めた音。	옷(オッ) 服 꽃(ッコッ) 花
[l]	ㄹ, ㄼ, ㄽ, ㄾ, ㅀ	日本語の「る」[lu]から母音の[u]を取った、[l]だけの音。舌先を上あごにつけて発音します。	술(スル) お酒 여덟(ヨドル) 8

50

パッチムが2つあるときはどっちを読む？

　パッチムの中には、ᆪ、ᆲのように、子音が2つ並んだものがありますが、このようなパッチムを「2重パッチム」と呼びます。2重パッチムは基本的には左側の文字を読みますが、ᆰ、ᆱ、ᆵは右側の子音を発音します。また、ᆲは普段は左側の文字を発音しますが、밟다（踏む）だけは例外的に右側の文字を発音して「パㇷ゚タ」となります。

右側のパッチムを発音する例

닭　にわとり　➡　発音は？　➡　닥 タㇰ

밟다　踏む　➡　発音は？　➡　밥다 パㇷ゚タ

ジェヒョン先生からのメッセージ 4日目

　1日目からの文字のレッスン、お疲れ様でした。
　最後に学んだ7通りの発音があるパッチムも覚えられましたか？　パッチムはたくさんの種類がありますが、覚えれば全てのハングルが読めて書けることになります。頑張って練習しましょう！　パッチムは読むときに、子音だけで発音することも忘れないでね。

発音はYouTubeでCHECK！　ジェヒョン ハングル で検索しよう!!

自分の名前を書いてみよう！

　全ての文字を覚えたので、自分の名前を書くことができます。韓国人の友達がいたら手紙を出すときに、好きなアイドルがいればファンレターを出すときに、右ページの表を見ながら、自分の名前を書いてみましょう。名前を書くときの注意点を下にまとめたからCHECKしてね。

POINT 1 　文字の位置で書き方が変わる！

か行と、た行は、単語の最初（語頭）にあるか、間（語中）にあるかで表記が変わります。

例　かやま ➡ 가야마（カヤマ）　　たなか ➡ 다나카（タナカ）

POINT 2 　「ん」があるときは文字の下にㄴをつける！

名前に「ん」が付く場合は、文字の下にパッチムのㄴを加えて書きます。

例　じゅん ➡ 준（ジュン）　　せんだ ➡ 센다（センダ）

POINT 3 　最後の「う」は省略する！

「かとう」をローマ字で「KATO」と書くように、ハングルでも最後の「う」は省略します。

例　かとう ➡ 가토（カト(ウ)）　　たろう ➡ 다로（タロ(ウ)）

下の□の中に、自分の名前を書いてみましょう。

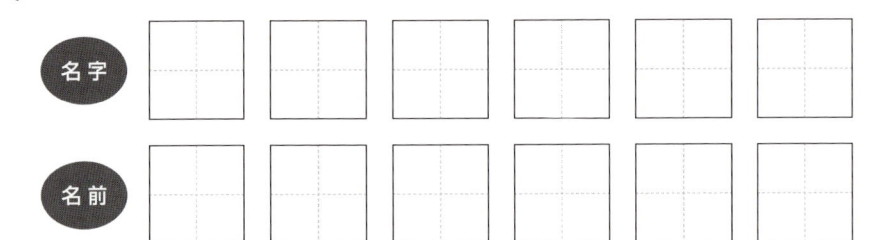

名字 □ □ □ □ □ □ □ □

名前 □ □ □ □ □ □ □ □

ひらがな・ハングル対応表

	ア	イ	ウ	エ	オ	ヤ	ユ	ヨ
あ行	아 ア	이 イ	우 ウ	에 エ	오 オ	야 ヤ	유 ユ	요 ヨ
か行 (語頭)	가 カ	기 キ	구 ク	게 ケ	고 コ	갸 キャ	규 キュ	교 キョ
か行 (語頭以外)	카 カ	키 キ	쿠 ク	케 ケ	코 コ	캬 キャ	큐 キュ	쿄 キョ
が行	가 ガ	기 ギ	구 グ	게 ゲ	고 ゴ	갸 ギャ	규 ギュ	교 ギョ
さ行	사 サ	시 シ	스 ス	세 セ	소 ソ	샤 シャ	슈 シュ	쇼 ショ
ざ行	자 ザ	지 ジ	즈 ズ	제 ゼ	조 ゾ	자 ジャ	주 ジュ	조 ジョ
た行 (語頭)	다 タ	지 チ	쓰 ッ	데 テ	도 ト	자 チャ	주 チュ	조 チョ
た行 (語頭以外)	타 タ	치 チ	쓰 ッ	테 テ	토 ト	차 チャ	추 チュ	초 チョ
だ行	다 ダ	지 ヂ	즈 ッ	데 デ	도 ド	—	—	—
な行	나 ナ	니 ニ	누 ヌ	네 ネ	노 ノ	냐 ニャ	뉴 ニュ	뇨 ニョ
は行	하 ハ	히 ヒ	후 フ	헤 ヘ	호 ホ	햐 ヒャ	휴 ヒュ	효 ヒョ
ば行	바 バ	비 ビ	부 ブ	베 ベ	보 ボ	뱌 ビャ	뷰 ビュ	뵤 ビョ
ぱ行	파 パ	피 ピ	푸 プ	페 ペ	포 ポ	퍄 ピャ	퓨 ピュ	표 ピョ
ま行	마 マ	미 ミ	무 ム	메 メ	모 モ	먀 ミャ	뮤 ミュ	묘 ミョ
ら行	라 ラ	리 リ	루 ル	레 レ	로 ロ	랴 リャ	류 リュ	료 リョ
わ行	와 ワ	—	—	—	오 ヲ	—	—	—
ん	ㄴ ン	—	—	—	—	—	—	—

4日目のおさらいドリル

「おさらいドリル」は今日で最後。落ち着いてやれば必ず解けるよ！

❶ 次の中から、pの音で発音するパッチムを2つ選びましょう。

Ⓐ ㅇ　Ⓑ ㅂ　Ⓒ ㅌ　Ⓓ ㄹㅍ

ヒント：pと発音するパッチムは全部で5種類！

答え：

❷ 次の2重パッチムが入っている単語の中から、右側のパッチムを発音するものを選びましょう。

Ⓐ 값 値段　Ⓑ 여덟 8

Ⓒ 닭 にわとり

ヒント：左側のパッチムはㄹだよ！

答え：

54

❸ ハングルで「かとう じゅんこ」と書くときに、正しい表記を次の中から選びましょう。

Ⓐ 가도우 준거
　カ　ト　ウ　　ジュ　ン　コ

Ⓑ 가토 준코
　カ　ト(ウ)　　ジュン　コ

Ⓒ 카도우 준코
　カ　ト　ウ　　ジュ　ン　コ

Ⓓ 가도 준거
　カ　ト(ウ)　　ジュン　コ

ヒント　「か」と「と」と「ん」の書き方に注意！

答え　　　　

答えは次のページの下の部分へ

Column

ピンポイントレッスン 4

辞書を使ってみよう

♥ 辞書を引けば韓国語力が一気にアップ！

　勉強を進めていると、知らない単語がたくさん出てきます。そんなときに使ってほしいのが辞書。辞書を引けば、ひとつの単語にたくさんの意味があることや、用法、正確な発音、活用の仕方までわかるので、とても役に立ちます。

　韓国語では「ウ」「オ」「ヨ」など2つの音があり、日本人には聞き分けが難しいものがありますが、音を聞いて調べるには紙の辞書では、前後のページを行ったり来たりしなければならず、効率が悪いこともあります。また21個もある母音に加えパッチムなどもあるので、順番に探すのは大変。そこで、どうしても紙にこだわりたい場合はのぞき、電子辞書のほうがよりスピーディに引けるのでチャレンジしてみてほしいところです。また電子辞書はキーボードの位置がパソコンと同じなので、場所を覚えてしまえばブラインドタッチの練習にも。さらにパーツごとに入力することにより、文字の仕組みもわかるので一石二鳥です。

♥ 言葉が並んでいる順番

　日本語では、「あ、か、さ、た、な……」の順番に並んでいますが、韓国語では、まずは子音が「ㄱ,ㄲ,ㄴ,ㄷ,ㄸ,ㄹ,ㅁ,ㅂ,ㅃ,ㅅ,ㅆ,ㅇ,ㅈ,ㅉ,ㅊ,ㅋ,ㅌ,ㅍ,ㅎ」の順番に並んでいて,それぞれの子音の中で、母音が「ㅏ,ㅐ,ㅑ,ㅒ,ㅓ,ㅔ,ㅕ,ㅖ,ㅗ,ㅘ,ㅙ,ㅚ,ㅛ,ㅜ,ㅝ,ㅞ,ㅟ,ㅠ,ㅡ,ㅢ,ㅣ」の順番で並んでいます。

4日目の答えは……　❶ⒷとⒹ、❷Ⓒ、❸Ⓑ

5日目
韓国語で話してみよう！

いよいよ実践編に突入！ そのまま使えるフレーズばかりだから、どんどん話しかけてみよう。

5日目の発音をYoutubeでCHECK！

58〜65ページ　66〜73ページ　74〜81ページ　82〜87ページ

上のQRコードを読み取るか、Youtubeで、 ジェヒョン ハングル で検索してね！

あいさつしてみよう

　会話の基本はあいさつから！　普段のあいさつ、初めましてのあいさつ、自己紹介、別れるときのフレーズを使ってみよう。

> 赤文字の部分は、日本語訳の後ろに示されているページの単語と入れ替えられるよ！

■ こんにちは（おはよう／こんばんは）。

アンニョンハセヨ
안녕하세요?

CHECK 朝でも昼でも夜でも「アンニョンハセヨ?」でOK！　疑問文だけど語尾は上げないよ。

■ 初めまして。

チョウム ブェプケッスムニダ
처음 뵙겠습니다.

■ お久しぶりですね。

オレンマニエヨ
오랜만이에요.

■ お元気でしたか？

チャル チネショッソヨ
잘 지내셨어요?

CHECK 久しぶりに会った相手に対して安否を尋ねる、基本のあいさつだよ。

■ 元気でした。

チャル チネッソヨ
잘 지냈어요.

■ 会えてうれしいです。
만나서 반갑습니다.
マンナソ バンガプスムニダ

■ ずっとお会いしたかったです。
계속 만나뵙고 싶었어요.
ケソク マンナブェプコ シポッソヨ

■ 天気がいいですね。
날씨가 좋네요.
ナルッシガ チョンネヨ

■ お名前を教えてください。
이름을 알려 주세요.
イルムル アルリョ ジュセヨ

> **CHECK**
> 「教えてください」は「가르쳐 주세요(カルチョ ジュセヨ)」でもOK。

■ 順子です。
준코입니다.
ジュンコ イムニダ

> **CHECK**
> 自分の名前を伝えたいときは「○○○입니다(イムニダ)」と言えばいいよ。

■ おいくつですか？
몇 살이세요?
ミョッ サリセヨ

> **CHECK**
> 韓国では、相手の年齢によって言葉の使い方が変わるから、よく年を尋ねるんだ。

■ 28歳になります。　サシカエ ➡ 93ページ

스물 여덟 살이 돼요.
(スムル ヨドル サリ トェヨ)

> **CHECK**
> 年齢を表す数字は、「固有数詞」を使うよ！

■ お若く見えますね。

젊어 보이시네요.
(チョル モ ポイシネヨ)

■ ご職業はなんですか？

직업이 뭐예요?
(チゴビ ムォエヨ)

■ 専業主婦です。

전업주부예요.
(チョノプチュブエヨ)

■ ご飯は食べましたか？

밥은 먹었어요?
(パブン モゴッソヨ)

> **CHECK**
> 韓国では「こんにちは」と言う代わりに「ご飯を食べましたか？」とあいさつしあうよ。

■ ええ・はい。／いいえ。

네. / 아뇨.
(ネ / アニョ)

> **CHECK**
> 会社の上司など目上の人に対して、より丁寧に「はい」と言うときは「예(イェ)」だよ。

■ また明日。

내일 봐요.
(ネイル ブァヨ)

60

■ さようなら（その場に残る相手に対して）。
안녕히 계세요.
アンニョンイ ゲセヨ

■ さようなら（去っていく相手に対して）。
안녕히 가세요.
アンニョンイ ガセヨ

CHECK
「さようなら」は、その場に残るか、立ち去るかで言い方が変わるよ！

■ お休みなさい。
안녕히 주무세요.
アンニョンイ チュムセヨ

CHECK
より親しい間柄なら「잘 자요（チャル ジャヨ）」と言ってもOKだよ。

■ 日本にも遊びにいらしてください。
일본에도 놀러 오세요.
イルボネド ノルロ オセヨ

■ お元気で。
건강히 계세요.
コンガンイ ゲセヨ

CHECK
同じ意味で「잘 지내세요（チャル チネセヨ）」もよく使う表現だよ。

■ またお会いしましょう。
또 만나요.
ット マンナヨ

■ 次は日本で会いましょう。
다음에는 일본에서 만나요.
タウメヌン イルボネソ マンナヨ

気持ちを表す

　うれしいとき、好きになったとき、謝りたいとき……。気持ちを表すときも韓国語を使ってみよう。
　少しオーバーに発音するくらいでちょうどいいよ。恥ずかしがらないで練習しよう。Youtubeにアップする僕の発音を真似してみてね！

■ とてもうれしいです。
ノ　ム　キ　ッポ　ヨ
너무 기뻐요.

■ とても楽しかったです。
トゥエ ゲ　チュル ゴ　ウォッソ ヨ
되게 즐거웠어요.

CHECK
「面白かったです」なら「재미있었어요(チェミイッソッソヨ)」だよ。

■ 好きです。
チョ ア ヘ ヨ
좋아해요.

■ 大好きです。
ノ ム　チョ ア ヘ ヨ
너무 좋아해요.

■ 愛してます。
サ ラン ヘ ヨ
사랑해요.

CHECK
韓国では、恋人同士だけではなくて、家族の間でも「사랑해요(サランヘヨ)」と言い合うよ。

- とっても幸せです。
あ ノム ヘン ボケ ヨ
너무 행복해요.

- ありがとうございます。
カム サ ハム ニ ダ
감사합니다.

- 感謝します。
コ マ ウォ ヨ
고마워요.

- どういたしまして。
ピョル マル ッスム ル タ ハ シム ニ ダ
별말씀을 다하십니다.

- 笑いが止まりません。
ウ ス ミ モム チュ ジル ア ナ ヨ
웃음이 멈추질 않아요.

- 面白かったです。
チェ ミ イッ ッソ ヨ
재미있었어요.

CHECK
頭に「아주（アジュ）」をつけると、「とても面白かったです」になるよ。

- 感動しました。
カム ドン ヘッ ソ ヨ
감동했어요.

CHECK
「感動」は韓国語で「감동（カムドン）」。発音が似ているから覚えやすいね！

■ 安心しました。

안심했어요.

■ 心配です。

걱정이에요.

> **CHECK**
> 「心配しないでください」と言うなら「걱정하지 마세요(コクチョンハジ マセヨ)」。

■ 悲しいです。

슬퍼요.

■ さびしいです。

외로워요.

■ 嫌いです。

싫어요.

> **CHECK**
> 「싫어요(シロヨ)」は、人に対しても、モノに対しても使えるよ。

■ 退屈です。

심심해요.

■ びっくりしました。

놀랐어요.

> **CHECK**
> 強い驚きを表すときには、フレーズの前に「깜짝（ッカムッチャク）」をつけて使ってみよう。

■ やだ、恥ずかしい！

싫어, 창피해!
(シロ, チャンピヘ)

CHECK 照れくさかったり、気恥ずかしいときは、「부끄러워요(ブックロウォヨ)」。

■ すごく緊張しています。

엄청 긴장하고 있어요.
(オムチョン キンジャンハゴ イッソヨ)

■ 怖いです。

무서워요.
(ムソウォヨ)

■ 疲れました。

피곤해요.
(ピゴネヨ)

■ 元気を出してください。

힘내세요.
(ヒムネセヨ)

CHECK 「힘(ヒム)」が「力」で「내세요(ネセヨ)」が「出してください」。合わせて「元気を出してください」だよ。

■ ごめんなさい。

미안해요.
(ミアネヨ)

■ 気にしないでください。

신경 쓰지 마세요.
(シンギョン ッスジ マセヨ)

CHECK このフレーズには、「気を遣わないでください」という意味もあるよ。

発音はYouTubeでCHECK！ ジェヒョン ハングル で検索しよう!! 65

移動する

　韓国に行くことがあったら、いろいろな場所に出かけてみよう。
　ソウル市内なら地下鉄やタクシーが便利。タクシーは日本に比べて格安だから、近場の移動ならお財布にもやさしいよ。バスで移動するときは迷子にならないように、乗る前に目的地を確認しよう。

■ 道に迷ってしまいました。
キル　ル　イ　ロ　ボ　リョッ　ソ　ヨ
길을 잃어버렸어요.

CHECK
困ったときは交番やお店の人などにこのフレーズを使おう！ やさしく教えてくれるよ。

■ 江南駅に行きたいのですが。
カン　ナム　ヨ　ゲ　カ　ゴ　シプン　デ　ヨ
강남역에 가고 싶은데요.

■ この場所に行きたいです。
ヨ　ギ　エ　カ　ゴ　シ　ポ　ヨ
여기에 가고 싶어요.

CHECK
地図を指さして行き方を尋ねると伝わりやすいよ！

■ 教えてくれてありがとう。
カル　チョ　ジュォ　ソ　コ　マ　ウォ　ヨ
가르쳐 줘서 고마워요.

■ タクシー乗り場はどこですか？
テク　シ　タ　ヌン　ゴ　シ　オ　ディ　エ　ヨ
택시 타는 곳이 어디예요?

66

■ 狎鴎亭駅までお願いします。
압구정역까지 부탁합니다.
アプ ク ジョン ヨッカ ジ プ タ カム ニ ダ

■ この住所までお願いします。
이 주소까지 부탁합니다.
イ チュ ソ カ ジ プ タ カム ニ ダ

■ 料金はどのくらいかかりますか？
요금은 어느 정도 들어요?
ヨ グ ムン オ ヌ チョン ド トゥ ロ ヨ

■ 何分かかりますか？
몇 분 걸려요?
ミョッ プン コル リョ ヨ

CHECK
あまり運転手を急がすと、次のフレーズを言わなくてはいけないことに……。

■ スピードを落としてください。
속도 좀 줄여 주세요.
ソク ト チョム チュ リョ ジュ セ ヨ

■ ここで降ろしてください。
여기서 내려 주세요.
ヨ ギ ソ ネ リョ ジュ セ ヨ

CHECK
「止めてください」なら「세워 주세요(セウォ ジュセヨ)」と言おう。

■ 南大門行きのバス停はどこですか？

남대문행 버스 정류장은 어디예요?

■ チケットはどこで買えますか？

티켓은 어디서 살 수 있어요?

■ 何時に出発しますか？

몇 시에 출발해요?

CHECK
現在の時間を尋ねるなら「지금 몇 시예요?(チグム ミョッ シエヨ)」だよ。

■ 空港までいくらかかりますか？

공항까지 요금은 얼마나 들어요?

■ このバスは仁寺洞へ行きますか？

이 버스는 인사동에 가요?

■ あのバスはどこ行きですか？

저 버스는 어디행이에요?

■ 江南に着いたら教えてください。

강남에 도착하면 가르쳐 주세요.

■ リムジンバスの乗り場はどこですか？

리무진버스 타는 곳은 어디예요?
(リ ム ジン ッポ ス タ ヌン ゴス ン オ ディ エ ヨ)

■ 次のバス停で降ります。

다음 버스 정류장에서 내립니다.
(タ ウム ッポ ス チョン ニュ ジャン エ ソ ネ リム ニ ダ)

■ 午後(午前)6時発のバスに乗りました。 🔄 サシカエ➡93ページ

오후(오전) 6시 출발 버스를 탔어요.
(オ フ オ ジョン ヨソッ シ チュル バル ッポ ス ルル タッ ソ ヨ)

■ ソウル行きのホームはどっちですか？

서울행 승강장은 어느 쪽이에요?
(ソ ウ レン スン ガン ジャン ウン オ ヌ ッチョ ギ エ ヨ)

■ 電車は何時に出発しますか？

기차는 몇 시에 출발해요?
(キ チャ ヌン ミョッ シ エ チュル バ レ ヨ)

■ 時刻表はどこですか？

시간표는 어디예요?
(シ ガン ピョ ヌン オ ディ エ ヨ)

CHECK
バスの路線はたくさんあって複雑だから、乗り間違えないように何度も確認しよう！

■ 次の駅はどこですか？

다음 역은 어디예요?
(タ ウム ヨ グン オ ディ エ ヨ)

CHECK
「次の次の駅」は「다음다음 역(タウムダウムヨㇰ)」って言うよ。

発音はYouTubeでCHECK! ジェヒョン ハングル で検索しよう!! 69

ショッピングで

　お店の人と韓国語で話せたらもっと楽しく買い物できるよ！　もしかしたらおまけでさらに値引きしてくれるかも……？

> 赤文字の部分は、日本語訳の後ろに示されているページの単語と入れ替えられるよ！

■ 免税店はどこですか？
ミョン セ ジョ ムン　オ ディ エ ヨ
면세점은 어디예요?

> **CHECK**
> 「あの〜、すみません」って、店員さんを呼びたいときは、「저기요(チョギヨ)」だよ。

■ BBクリームはどこですか？　サシカエ➡94〜97ページ
ピ ビ ク リ ムン　オ ディ エ　イッソ ヨ
비비크림은 어디에 있어요?

■ 試供品をもらえますか？
セム プル ル　チョム　チュ シ ゲッ ツ ヨ
샘플을 좀 주시겠어요?

■ 婦人服売り場は何階ですか？
ヨ ソン ボン メ ジャン ウン　ミョッ チュン イ エ ヨ
여성복매장은 몇 층이에요?

■ 試着することはできますか？
イ ボ　ボル　ス　イン ナ ヨ
입어 볼 수 있나요?

> **CHECK**
> 「フィッティングルーム」は「탈의실(タリシル)」だよ。

■ どの商品が人気ですか？

어느 상품이 제일 잘 나가요?
オヌ サンプミ チェイル チャル ラガヨ

■ 色違いはありますか？

다른 색깔은 없어요?
タルン セッカルン オプソヨ

■ 少し大きいです。 サシカエ ➡ 98ページ

조금 커요.
チョグム コヨ

CHECK
「少し派手です」は、「색깔이 너무 진해요(セクッカリ ノム チネヨ)」って言えばいいよ！

■ ひとつ小さなサイズはありますか？

한 치수 작은 사이즈는 없어요?
ハン チス チャグン サイジュヌン オプソヨ

■ これはいくらですか？

이건 얼마예요?
イゴン オルマエヨ

■ 全部でいくらですか？

전부 얼마예요?
チョンブ オルマエヨ

CHECK
「似合っていますか？」なら、「잘 어울려요？(チャル オウルリョヨ)」だよ。

発音はYouTubeでCHECK! ジェヒョン ハングル で検索しよう!!

- 一番安い商品はどれですか？

가장 싼 상품은 어느 거예요?

- 高すぎです。

너무 비싸요.

CHECK
「安いです」なら「싸요(ッサヨ)」。

- ちょっと安くしてください。

좀 싸게 해 주세요.

CHECK
「もう一声！」と値段をさらに下げたいときは「조금 더！(チョグム ド)」って言おう！

- これを買います。

이걸 살게요.

- このサングラスをください。 サシカエ➡94〜97ページ

이 선글라스를 주세요.

- セールの商品はありますか？

세일 상품은 있습니까?

- 日本に発送したいのですが。

일본으로 보내고 싶은데요.

■ 韓国海苔を3パックください。 サシカエ ➡ 96〜97ページ

김을 3봉지 주세요.
(キ ムル セ ボン ジ チュ セ ヨ)

■ 2個で1万ウォンにしてください。 サシカエ ➡ 93ページ

2개에 만 원으로 해 주세요.
(トゥ ゲ エ マ ヌォ ヌ ロ ヘ ジュ セ ヨ)

■ クレジットカードは使えますか？

신용카드는 사용할 수 있습니까?
(シ ニョン カ ドゥ ヌン サ ヨン ハル ス イッ スム ニ ッカ)

■ 安くしてくれたら4つ買います。 サシカエ ➡ 93ページ

싸게 해 주면 4개 살게요.
(ッサ ゲ ヘ ジュ ミョン ネ ゲ サル ケ ヨ)

■ 少し考えます。

조금 생각해 볼 게요.
(チョ グム セン ガ ケ ボル ケ ヨ)

■ 持ち帰ります。

가져갈 테니까 포장해 주세요.
(カ ジョ ガル テ ニ ッカ ポ ジャン ヘ ジュ セ ヨ)

ジェヒョン先生のオススメスポット

ショッピング編

　僕はよく、アウトレットモールを利用します。韓国ではソウル近郊の파주(パジュ／坡州)や여주(ヨジュ／驪州)というところに巨大なアウトレットモールがあるのですが、有名なブランドがとても多く、時期によって、アウトレット価格からさらにセール価格にディスカウントされるのでオススメです。

発音はYouTubeでCHECK! ジェヒョン ハングル で検索しよう!!

レストラン・カフェで

「もう食べきれない……」ってくらいおかずをつけてくれるのが一般的な韓国の料理店。無理して食べきらなくても大丈夫だからいろんな料理を味わってみよう！

赤文字の部分は、日本語訳の後ろに示されているページの単語と入れ替えられるよ！

■ お腹がすきました。

배가 고파요.
ペガ ゴパヨ

CHECK
「お腹がいっぱいです」は「배가 불러요（ペガ ブルロヨ）」になるよ。

■ 海鮮チヂミが食べたいです。　サシカエ➡100〜101ページ

해물부침개를 먹고 싶어요.
ヘムル ブ チム ゲ ルル モク コ シ ポ ヨ

■ 禁煙席でお願いします。

금연석을 부탁합니다.
ク ミョン ソ グル　ブ タ カム ニ ダ

CHECK
「タバコは吸えますか？」は「담배를 피워도 돼요？（タムベルル ピウォド ドェヨ）」だよ。

■ 個室はありますか？

개인실은 있습니까?
ケ イン シ ルン　イッ スム ニ ッカ

■ 窓側の席に移ってもいいですか？

창가 자리로 옮겨도 돼요?
チャン カ　チャ リ ロ　オム ギョ ド　ドェ ヨ

■ メニューを見せてください。
메뉴를 보여 주세요.
メニュルル ボヨ ジュ セヨ

■ 日本語のメニューはありますか？
일본어로 된 메뉴가 있나요?
イル ボノロ ドェン メニュガ インナヨ

■ 注文お願いします。
주문 부탁합니다.
チュムン ブタカムニダ

CHECK
食べたことのない韓国料理があれば、チャレンジしてみよう！ 意外な発見があるかも？

■ あれは何ですか？
저건 뭐예요？
チョゴン ムォエヨ

CHECK
気になる料理があれば、周りの人たちに尋ねると親切に教えてくれるよ。

■ あの人と同じものを食べたいです。
저 사람이랑 같은 걸 먹고 싶어요.
チョ サラミラン カトゥン ゴル モクコ シポヨ

■ カプチーノを1杯ください。 サシカエ➡101ページ
가푸치노 한 잔 주세요.
カプチノ ハン ジャン チュセヨ

発音はYouTubeでCHECK！ ジェヒョン ハングル で検索しよう!! 75

■ いただきます。
잘 먹겠습니다.
_{チャル モク ケッ スム ニ ダ}

■ これはどうやって食べるのですか？
이건 어떻게 먹는 거예요?
_{イ ゴン オッ トケ モン ヌン ゴ エ ヨ}

■ 注文したものと違います。
내가 시킨 것과 달라요.
_{ネ ガ シ キン ゴッ クァ タル ラ ヨ}

■ 取り皿をください。
접시 주세요.
_{チョプ シ チュ セ ヨ}

> **CHECK**
> 焼肉を食べるときに便利なフレーズだよ！

■ 火を強く（弱く）してください。
불을 세게（약하게）해 주세요.
_{プル ル セ ゲ ヤ カ ゲ ヘ ジュ セ ヨ}

■ 網を代えてください。
불판 갈아 주세요.
_{プル パン カ ラ ジュ セ ヨ}

> **CHECK**
> エプロンが欲しいときには「앞치마 주세요（アプチマ チュセヨ）」と言ってみよう。

■ テーブルを拭いてください。
테이블을 닦아 주세요.
_{テ イ ブ ルル タッ カ ジュ セ ヨ}

■ お店は何時まで営業していますか？
가게는 몇 시까지 영업해요?

■ 残ったものを持ち帰ることはできますか？
남은 걸 가지고 가도 돼요?

■ お会計をお願いします。
계산 부탁합니다.

> **CHECK**
> 持ち帰り用に「包んでください」と言うなら、「포장해 주세요(ポジャンヘジュセヨ)」。

■ 割り勘にしましょう。
각자 부담으로 합시다.

■ 私がおごります。
제가 한턱 낼게요.

■ おいしかったです。
맛있었어요.

■ ごちそうさまでした。
잘 먹었습니다.

ジェヒョン先生のオススメスポット

レストラン・カフェ編

韓国料理というと辛いもの、というイメージがあるかもしれませんが、僕がこの間行った「산당(サンダン)」というレストランは、落ち葉や草、花びらなど、自然の素材を使った料理で話題になっている店です。自然本来の味を感じることができて、とてもおいしかったです。（住所：江南区清潭洞96-24／강남구청담동 96-24）

発音はYouTubeでCHECK！ ジェヒョン ハングル で検索しよう!!

居酒屋・Bar・クラブで

韓国人はお酒を飲むのが大好き。朝まで盛り上がっている店も多いから、飲んで、食べて、歌って、踊って楽しもう！　飲みすぎには注意してね。

赤文字の部分は、日本語訳の後ろに示されているページの単語と入れ替えられるよ！

■ ドリンクのメニューをください。

ウ ニョ　メ ニュ ル　チュ セ ヨ
음료 메뉴를 주세요.

■ 韓国のお酒を飲んでみたいです。

ハン グク　スル ル　マ ショ　ボ ゴ　シ ポ ヨ
한국 술을 마셔 보고 싶어요.

■ おすすめのマッコリをください。　サシカエ➡101ページ

カン チュ ハ ヌン　マク コル リ ル　チュ セ ヨ
강추하는 막걸리를 주세요.

■ あれはなんというお酒ですか？

チョ　スルン　ムォ ラ ゴ　ヘ ヨ
저 술은 뭐라고 해요?

CHECK
「どうやって飲むんですか？」は「어떻게 마셔요？（オットケ　マショヨ）」でOK。

■ ソフトドリンクはありますか？

ウ ニョ ス ヌン　イン ナ ヨ
음료수는 있나요?

78

■ 軽め(強め)のお酒をください。
약한(독한) 술을 주세요.
ヤカン トカン スルル チュセヨ

■ 私はお酒が飲めません。
저는 술을 못 마셔요.
チョヌン スルル モン マショヨ

■ 乾杯〜！
건배〜!
コンベ

CHECK
仲のいい友達同士で乾杯するときに、「짠(ッチャン)」と言うときもあるよ。

■ おかわりください。
더 주세요.
ト チュセヨ

CHECK
フレーズの前に「반찬(パンチャン)／おかず」や「김치(キムチ)／キムチ」をつけても使えるよ。

■ (クラブの)入場料はいくらですか？
입장료가 얼마예요?
イプ チャンニョガ オルマエヨ

CHECK
韓国のクラブは、入場料の中に1ドリンクか2ドリンク含まれていることが多いよ！

■ 今かかっている曲は何ですか？
지금 틀어 놓은 노래가 뭐예요?
チグム トゥロ ノウン ノレガ ムォエヨ

発音はYouTubeでCHECK！ ジェヒョン ハングル で検索しよう!! 79

エステ・サウナ（汗蒸幕<ruby>ハンジュンマク</ruby>）で

　遊びつかれたら、エステやサウナ(汗蒸幕)で癒しのひとときを。体の内側も外側もリフレッシュして、グルメやショッピングに出かけよう！
　エステやサウナは24時間営業のお店があったり、女性専用の施設もたくさんあるから、気軽に行ってみてね。

■ どんなコースがありますか？

어떤 코스가 있어요?
（オットン　コスガ　イッソヨ）

■ 料金を教えてください。

요금이 얼마예요?
（ヨグミ　オルマエヨ）

■ 足をマッサージしてください。

발 마사지 해 주세요.
（パル　マサジ　ヘ　ジュセヨ）

CHECK
「다리(タリ／脚)」の部分を「머리(モリ／頭)」や「허리(ホリ／腰)」に変えても使えるよ！

■ 気持ちいいです。

시원해요.
（シウォネヨ）

CHECK
「やさしくしてほしい」ときには、「살살해 주세요(サルサレ　ジュセヨ)」だよ。

■ 痛いです。

좀 아파요.
（チョム　アパヨ）

CHECK
肌がひりひりするときは「따끔따끔해요(ッタックムッタックメヨ)」と言えばいいよ。

■ もう少し強く(弱く)もんでください。
조금 더 세게(약
하게) 해 주세요.

■ サウナで息が苦しくなりました。
사우나에서 숨쉬
기 힘들었어요.

■ 暑いです。
더운데요.

CHECK
「ちょうどいいです」なら「딱 좋아요(ッタク　チョアヨ)」と言えばいいよ。

■ お水をもらえますか？
물 좀 주시겠어요?

■ このオプションは頼んでいません。
이 메뉴는 안 시켰는데요.

■ 体がとても楽になりました。
몸이 아주 가벼워졌어요.

コンサート・ファンミーティングで

韓国に来れば、好きな俳優やK-POPの歌手に会えるチャンスもグ〜ンとアップ!? もし会えたら、いろんなフレーズを使って、思い切って話しかけてみよう！

赤文字の部分は、日本語訳の後ろに示されているページの単語と入れ替えられるよ！

■ このチケットの席はどこですか？
イ チャリガ オディエヨ
이 자리가 어디예요?

■ オッパ！（お兄さん）
オッパ
오빠！

CHECK
本当は女性から年上の男性に使うフレーズだけど、コンサートなら年齢は気にしないでOK！

■ かっこいい〜！
チャル センギョッタ
잘생겼다！

CHECK
「かわいい〜！」は「귀엽다（クィヨプタ）」だよ！

■ こっち向いて〜！
ヨギ ブァヨ
여기 봐요！

CHECK
「뽀뽀해 줘（ッポッポヘジュォ／チューして」って叫べば、投げキッスしてくれるかも!?

■ 大好き〜！
ワンジョン サランヘ
완전 사랑해！

CHECK
「最高」は「최고（チュェゴ）」！

82

- ずっと会いたかったです。

예전부터 보고 싶었어요.
イェ ジョン ブ ト ポ ゴ シ ポ ッツ ヨ

- 強く手を握ってください。

손을 꼭 잡아 주세요.
ソ ヌル ッコク チャ バ ジュ セ ヨ

- 5年前からファンでした。 ▶ サシカエ → 92ページ

5년 전부터 팬이에요.
オ ニョン ジョン ブ ト ペ ニ エ ヨ

CHECK
「〜年前」というときは漢数詞(92ページ)を使うよ。

- ハグしてもらえませんか？

안아 주시겠어요?
ア ナ ジュ シ ゲッツ ヨ

- 写真を撮ってもいいですか？

사진 찍어도 돼요?
サ ジン ッチ ゴ ド ドェ ヨ

CHECK
「サインください」は「사인해 주세요(サイネ ジュセヨ)」だよ。

- 一生の思い出にします。

평생 추억으로 간직할게요.
ピョン セン チュ オ グ ロ カン ジ カル ケ ヨ

デートで

韓国人の男性と、もしかしたら恋愛に発展することも……。自分で使いこなすためにも、相手の告白を聞き逃さないためにも恋愛フレーズを練習しておこう！

赤文字の部分は、日本語訳の後ろに示されているページの単語と入れ替えられるよ！

■ お会いできてうれしいです。
マンナソ バンガプスムニダ
만나서 반갑습니다.

■ お休みの日は何をしていますか？
シュィヌン ナレ ムォ ハセヨ
쉬는 날에 뭐 하세요?

■ どんな人がタイプですか？
オットン サラミ タイビエヨ
어떤 사람이 타입이에요?

■ 一緒にいると楽しいです。
カッチ イッスミョン チュルゴウォヨ
같이 있으면 즐거워요.

CHECK
「夢のようです」と言うなら、「꿈 같아요（ックムガッタヨ）」でOK。

■ （あなたと）デートしたいです。 サシカエ ➡ 104ページ
テイトゥハゴ シポヨ
데이트하고 싶어요.

■ 今度お食事でもいかがですか？
다음에 식사라도 어떠세요?

■ 今日は誘ってくれてありがとう。
오늘은 불러 줘서 고마워요.

■ 一緒に過ごせてうれしかったです。
함께 지낼 수 있어서 기뻤어요.

■ 連絡先を交換したいのですが。
연락처를 교환하고 싶은데요.

■ 付き合っている人はいますか？
사귀는 사람은 있어요?

■ ずっと前から気になっていました。
예전부터 마음에 두고 있었어요.

- (あなたのことが)好きです。

넌 사랑해요.

- お付き合いしていただけますか？

저랑 만나 주시겠어요?

- ずっと会いたかったです。

이전부터 만나고 싶었어요.

- 手をつないでもいいですか？

손을 잡아도 돼요?

- 今日は帰りたくないの。

오늘은 집에 가고 싶지 않아요.

- 家に遊びに行ってもいいですか？

집에 놀러 가도 돼요?

- 次はいつ会えますか？

다음에는 언제 만날 수 있어요?

■ 距離をおきましょう。
거리를 두고 싶어요.
コ リ ルル トゥ ゴ シ ポ ヨ

■ 友達に戻りましょう。
그냥 친구로 돌아가기로 해요.
ク ニャン チン グ ロ ト ラ ガ ギ ロ ヘ ヨ

■ もっと一緒にいたいの。
계속 같이 있고 싶어.
ケ ソク カッ チ イッ コ シ ポ

■ 仲直りしましょう。
화해해요.
ファ ヘ ヘ ヨ

CHECK
韓国人のカップルはケンカも多いけど、サッパリしているから、すぐに仲直りすることが多いよ。

■ 日本にも遊びにきてね。
일본에도 놀러 와요.
イル ボ ネ ド ノル ロ ワ ヨ

ジェヒョン先生のオススメスポット

デート編

オススメのデートコースはいろいろありますが、外でデートするなら映画やミュージカルがオススメです。ミュージカルは、イケメンで歌が上手な俳優を間近で見られるのが一番のポイント。ソウルを流れる한강（ハンガン／漢江）沿いのカフェで夜景を楽しみながらビールやワインで乾杯するのもいいですね！

■ また会いに韓国に来ます。
다시 한국에 놀러 올게요.
タ シ ハン グ ゲ ノル ロ オル ケ ヨ

Column

ピンポイントレッスン 5

はやり言葉を使ってみよう!

♥テレビ、ネットで生まれる流行語

　韓国でも日本と同じように、若い人たちやバラエティ番組、インターネットの書き込みからたくさんの流行語が生まれます。どんどん使ってみよう!

불금 ブル グム	「花の金曜日」の意味で直訳では「火の金曜日」、燃えるような金曜日のことです。
우월하다 ウ ウォ ラ ダ	元々「優越だ」の意味。そこから、「恵まれていて、優れていること」などを表しています。
귀척 クィ チョク	「귀여운 척（かわい子ぶる）」の略。 クィ チョ カ ジ マ ヨ 「귀척하지 마요」で、「かわい子ぶらないでください」の意味。
패완얼 ペ ワ ノル	「カッコイイ人はどんな服を着ていても、オシャレに見える」という意味。
살아있네 サ ラ イン ネ	「すばらしい、いい、すごい」という意味の釜山の方言。人気俳優が映画で使って大流行。

6日目 便利な単語を覚えよう！

普段の生活や旅行でよく使う単語を厳選。
5日目のフレーズと組み合わせて使ってみよう！

6日目の発音をYoutubeでCHECK！

90〜95ページ　96〜101ページ　102〜105ページ

上のQRコードを読み取るか、Youtubeで、 ジェヒョン ハングル で検索してね！

人の呼び方

私・僕・俺	私（謙譲語）	あなた
ナ 나	チョ 저	タン シン 당신
私たち	私たち（謙譲語）	**CHECK** 「당신（タンシン）」は、見ず知らずの人には使えないから気を付けよう！
ウ リ 우리	チョ ヒ 저희	
君・おまえ	親しい年上男性（女性から）	親しい年上女性（女性から）
ノ 너	オッパ 오빠	オン ニ 언니
CHECK 「오빠（オッパ）」「형（ヒョン）」のように、誰に対して使うかによって変わる呼び方があるよ。	親しい年上男性（男性から）	親しい年上女性（男性から）
	ヒョン 형	ヌ ナ 누나
お嬢さん（独身の女性）	おじさん（大人の男性に）	おばさん（既婚女性に）
ア ガ ッシ 아가씨	ア ジョッシ 아저씨	ア ジュ モ ニ 아주머니
お父さん・パパ	お母さん・ママ	お兄さん（弟から）
ア ボ ジ　ア ッパ 아버지・아빠	オ モ ニ　オム マ 어머니・엄마	ヒョン 형

CHECK 「오빠(オッパ)」や「형(ヒョン)」などは、親しい間柄でも、実際のきょうだいでも使われるよ。	お兄さん(妹から) オッパ 오빠	お姉さん(弟から) ヌナ 누나
お姉さん(妹から) オンニ 언니	弟 ナム ドン セン 남동생	妹 ヨ ドン セン 여동생
両親 プ モ ニム 부모님	兄弟 ヒョン ジェ 형제	姉妹 チャ メ 자매
夫 ナム ピョン 남편	妻 ア ネ 아내	おじいさん(父方) ハ ラ ボ ジ 할아버지
おばあさん(父方) ハル モ ニ 할머니	おじいさん(母方) ウェ ハ ラ ボ ジ 외할아버지	おばあさん(母方) ウェ ハル モ ニ 외할머니
(男の)孫／(女の)孫 ソン ジャ　　ソン ニョ 손자 / 손녀	舅(夫の父) シ ア ボ ジ 시아버지	姑(夫の母) シ オ モ ニ 시어머니
～さん ッシ ～씨	～様(～さんより丁寧) ニム ～님	**CHECK** 手紙で「～様へ」と入れたいときは、「～님께(ニムッケ)」と書くよ。

数字・単位

CHECK
韓国語の数字は「漢数詞」と「固有数詞」を単位によって使いわけるよ。このページの数字は全て漢数詞だよ。

零・ゼロ／一	二／三
ヨン　　イル 영 / 일	イ　　サム 이 / 삼

四／五	六／七	八／九
サ　　オ 사 / 오	ユク　　チル 육 / 칠	パル　　ク 팔 / 구

十／百	千／万	十万／百万
シプ　　ペク 십 / 백	チョン　　マン 천 / 만	シム マン　ペン マン 십만 / 백만

千万／億	～月
チョン マン　オク 천만 / 억	ウォル ~월

CHECK
このページのここから先の単位は、全て漢数詞と組み合わせて使うよ。

～日	～カ月	～週間
イル ~일	ケ ウォル ~개월	チュ イル ~주일

～分	～秒	～ウォン
プン ~분	チョ ~초	ウォン ~원

CHECK このページの数字は全て固有数詞だよ。下にある単位と組み合わせて使おう。	ひとつ／ふたつ ハナ　　トゥル **하나 / 둘**	みっつ／よっつ セッ　　ネッ **셋 / 넷**
いつつ／むっつ タ ソッ　　ヨ ソッ **다섯 / 여섯**	ななつ／やっつ イル ゴプ　　ヨ ドル **일곱 / 여덟**	ここのつ／とお ア ホプ　　ヨル **아홉 / 열**
11／12 ヨラナ　　ヨル トゥル **열하나 / 열둘**	13／14 ヨル セッ　　ヨル レッ **열셋 / 열넷**	15／16 ヨル タ ソッ　　ヨル リョ ソッ **열다섯 / 열여섯**
17／18 ヨ リル ゴプ　　ヨル リョ ドル **열일곱 / 열여덟**	19／20 ヨ ラ ホプ　　スムル **열아홉 / 스물**	30／40 ソルン　　マフン **서른 / 마흔**
50／60 シュィン　　イェ スン **쉰 / 예순**	70／80 イルン　　ヨ ドゥン **일흔 / 여든**	90／99 アフン　　アフナホプ **아흔 / 아흔아홉**
CHECK ここから先の単位は、全て固有数詞と組み合わせて使うよ。	～人／～名 ミョン　　プン **～명 / ～분**	～歳 サル **～살**
～個 ケ **～개**	～枚 チャン **～장**	～冊 クォン **～권**

発音はYouTubeでCHECK!　ジェヒョン ハングル　で検索しよう!!

雑貨・コスメ・お土産

バッグ／カバン	財布	ハンカチ
ベク カバン 백 / 가방	チ ガプ 지갑	ソン ス ゴン 손수건
腕時計	眼鏡	コンタクトレンズ
ソン モク シ ゲ 손목시계	アン ギョン 안경	コン テク トゥ レン ジュ 콘텍트렌즈
携帯電話	スマートフォン	化粧水
ヘン ドゥ ポン 핸드폰	ス マ トゥ ポン 스마트폰	ス キン 스킨
CHECK 韓国ではおまけで試供品をいっぱいつけてくれることがよくあるからお楽しみに！	乳液	美容液
	ロ ション 로션	ミ ヨン エク 미용액
保湿クリーム	BBクリーム	シートマスク
ポ スプ ク リム 보습크림	ビ ビ ク リム 비비크림	マ ス ク ペク 마스크팩
ファンデーション	洗顔フォーム	クレンジング
パ ウン デイ ション 파운데이션	クル レン ジン ポム 클렌징폼	クル レン ジン ク リム 클렌징크림

口紅	グロス	リップクリーム
립스틱	립글로스	립크림
アイシャドウ	アイライン	マスカラ
아이섀도	아이라인	마스카라
ビューラー	チーク	つけまつげ
뷰러	볼터치	가짜 속눈썹
韓国海苔	キムチ	**CHECK** 試食したいときは、「시식해 볼 수 있나요?(シシケ ボル ス インナヨ)」と言えばいいよ。
김	김치	
唐がらし粉	コチュジャン	ゴマ油
고춧가루	고추장	참기름
柚子茶	高麗人参茶	ポジャキ(韓国の風呂敷)
유자차	인삼차	보자기
箸／スプーン	陶磁器	韓服
젓가락 / 숟가락	도자기	한복

ファッション

CHECK 東大門市場(トンデムンシジャン)というエリアは、明け方まで営業している店も多いから、一日中楽しめるよ！	ブラウス プル ラ ウ ス 블라우스	ノースリーブ ミン ソ メ 민소매
Tシャツ ティ ショ チュ 티셔츠	ジャケット チェ ケッ 재켓	ブレザー プル レ イ ジョ 블레이저
ワンピース ウォン ピ ス 원피스	タンクトップ テン ク トプ 탱크톱	キャミソール ケ ミ ソル 캐미솔
カーディガン カ ディ ゴン 카디건	セーター ニ トゥ ウェ オ 니트웨어	パーカー プル オ ボ 풀오버
カットソー ニ トゥ イ リュ 니트의류	スカート ス コ トゥ 스커트	ミニスカート ミ ニ ス コ トゥ 미니스커트
ショートパンツ パン バ ジ 반바지	Gパン チョン バ ジ 청바지	チノパン ミョン バ ジ 면바지

レギンス	ドレス	コート
レギンス 레깅스	トゥレス 드레스	コトゥ 코트
ブラジャー	パンティー	靴下
ブレジオ 브래지어	ペンティ 팬티	ヤンマル 양말
ストッキング	帽子	靴
スタキン 스타킹	モジャ 모자	シンバル 신발
ブーツ	ハイヒール	パンプス
ブチュ 부츠	ハイヒル 하이힐	ポムプス 펌프스
ミュール	サンダル	スカーフ
スルリポ 슬리퍼	センドゥル 샌들	スカプ 스카프
CHECK 韓国のセールは12月から1月にかけてと、7月ごろに行われることが多いから、ショッピングには狙い目だね！	ネックレス	指輪
	モッコリ 목걸이	パンジ 반지
ピアス	イヤリング	ブレスレット
ピオシンクィゴリ 피어싱귀걸이	クィゴリ 귀걸이	パルッチ 팔찌

発音はYouTubeでCHECK！ ジェヒョン ハングル で検索しよう!!　97

大きさ・形・色・デザイン

大きい／小さい	長い／短い	広い／狭い
クダ チャクタ 크다 / 작다	キルダ ッチャルタ 길다 / 짧다	ノルタ チョプタ 넓다 / 좁다
太い／細い	厚い／薄い	深い／浅い
ククタ カヌルダ 굵다 / 가늘다	トゥッコプタ ヤルタ 두껍다 / 얇다	キプタ ヤッタ 깊다 / 얕다
高い／低い	丸	三角
ノプタ ナッタ 높다 / 낮다	トングラミ 동그라미	サムガク 삼각
四角	菱形	ハート
サガク 사각	マルムモッコル 마름모꼴	ハトゥ 하트
赤／赤い	青／青い	CHECK
ッパルガン ッパルガッタ 빨강 / 빨갛다	パラン パラッタ 파랑 / 파랗다	「色違いはありますか？」と聞きたいときは、「다른 색깔은 없어요？(タルン セックカルン オプソヨ)」と聞けばいいよ！
黒／黒い	白／白い	緑色
コムジョン コムタ 검정 / 검다	ハヤン ハヤッタ 하양 / 하얗다	チョロクセク 초록색

98

紺色	黄色	ピンク
コン セク 곤색	ノ ラン セク 노란색	プ ノン セク ピン ク 분홍색·핑크
水色	茶色	紫色
ハ ヌル セク 하늘색	カル セク 갈색	ポ ラ セク 보라색
オレンジ色	金色／銀色	グレー
チュファンセク オ レン ジ セク 주황색·오렌지색	クム セク ウン セク 금색 / 은색	フェ セク 회색
ベージュ	透明	カラフル
ベ イ ジ 베이지	トゥ ミョン 투명	ファ リョ ハン タ チェ ロ ウン 화려한·다채로운
無地	水玉	ストライプ
ミン ム ニ ム ジ 민무늬·무지	ムル パン ウル 물방울	セ ロ ジュル ム ニ 세로줄무늬
ボーダー	花柄	チェック柄
カ ロ ジュル ム ニ 가로줄무늬	ッコン ム ニ 꽃무늬	チェ ク ム ニ 체크무늬
	セクトンカラー	ひょう柄
CHECK 「セクトンカラー」は、赤、黄、青、黒、白がベースの、子どものチョゴリなどに使われているストライプ模様だよ。	セク トン 색동	ピョ ボム ム ニ 표범무늬

発音はYouTubeでCHECK!　ジェヒョン ハングル　で検索しよう!!

韓国料理・飲み物

ビビンパ	石焼きビビンパ	**CHECK**
ビビムパプ 비빔밥	トルソッピビムパプ 돌솥비빔밥	「ビビンパ」が「ピビムパプ」となるように、日本とは発音が違うものもあるから、パッチムに注意して発音しよう！
クッパ	キムチチゲ	参鶏湯
クッパプ 국밥	キムチッチゲ 김치찌개	サムゲタン 삼계탕
カルグクス（麺料理）	ソルロンタン	**CHECK**
カルグクス 칼국수	ソルロンタン 설렁탕	料理の名前の最後に「밥（パプ）」があればご飯もの、「탕（タン）／국（クッ）」があればスープ（鍋）類だよ。
チヂミ／パジョン	海鮮チヂミ	チャプチェ（韓国風春雨）
プチムゲ　　パジョン 부침개 / 파전	ヘムルプチムゲ 해물부침개	チャプチェ 잡채
キムパプ（のり巻き）	プルコギ	ユッケ
キムパプ 김밥	プルゴギ 불고기	ユクェ 육회
CHECK 「ポッサム」は、茹でた豚バラ肉をサンチュ、白菜、エゴマの葉などで包んで食べる料理。ヘルシーでおいしいよ！	ポッサム ポッサム 보쌈	サムギョプサル（三枚肉の焼肉） サムギョプサル 삼겹살

100

カムジャタン(ジャガイモの鍋)	宮廷料理	ジャージャー麺
カム ジャ タン 감자탕	クン ジュン ニョ リ 궁중요리	ッチャ ジャン ミョン 짜장면
CHECK 「冷麺」は夏の料理って思うかもかもしれないけど、元々は暖かい部屋の中で食べる、冬の料理なんだよ。	冷麺 ネン ミョン 냉면	トック(韓国風雑煮) ットク クク 떡국
白菜キムチ ベ チュ キム チ 배추김치	カクテキ(大根のキムチ) ッカク トゥ ギ 깍두기	水キムチ ムル ギム チ 물김치
ナムル ナ ムル 나물	トッポッキ ットク ポッ キ 떡볶이	水／お冷や ムル チャン ムル 물 / 찬물
伝統茶 チョン トン チャ 전통차	コーヒー コ ピ 커피	ソフトドリンク ソ ブ トゥ ドゥ リン ク 소프트드링크
ビール メク チュ 맥주	焼酎 ソ ジュ 소주	**CHECK** 韓国語で「乾杯」と言いたいときは「건배(コンベ)」。韓国では、一度の飲み会で何度も「건배〜」と乾杯するよ。
マッコリ マク コル リ 막걸리	赤(白)ワイン チョク ベク ポ ド ジュ 적(백)포도주	ハイボール ソ ダ タン ウィ ス キ 소다 탄 위스키

発音はYouTubeでCHECK! ジェヒョン ハングル で検索しよう!!

韓流ドラマ・K-POP

ドラマ／映画	主演	CHECK
드라마 / 영화	주연	「恋愛ドラマ（メロドラマ）」は「멜로드라마（メルロドゥラマ）」、「時代劇」は「사극（サグク）」だよ。
韓流スター	俳優／女優	芸能人
한류스타	배우 / 여배우	연예인
タレント	アイドル	第1話
탤런트	아이돌	제일회
最終回	キスシーン	試写会
마지막회	키스신	시사회
舞台あいさつ	練習生	オーディション
무대인사	연습생	오디션
デビュー	ソロ活動	ファン
데뷔	솔로활동	팬

ファンレター	ファンクラブ	ファンミーティング
팬레터 ペル レ ト	팬클럽 ペン クル ロブ	팬미팅 ペン ミ ティン
握手会	サイン会	ハイタッチ会
악수회 アク ス フェ	사인회 サ イ ヌェ	하이터치회 ハ イ ト チ フェ
所属事務所	K-POP	歌手
소속사 ソ ソク サ	케이팝 ケ イ パプ	가수 カ ス
レコーディング	ダンス／振り付け	アルバム／シングル
레코딩 レ コ ディン	댄스 / 안무 テン ス アン ム	앨범 / 싱글 エル ボム シン グル
MV(ミュージックビデオ)	コンサート／公演	前売り券
뮤직비디오 ミュ ジク ビ ディ オ	콘서트 / 공연 コン ソ トゥ コン ヨン	예매권 イェ メ クォン
当日券	グッズ売り場	ブロマイド
현장 판매 ヒョン ジャン パン メ	상품 파는 곳 サンブム パ ヌン ゴッ	브로마이드 ブ ロ マ イ ドゥ
ペンライト	カラオケ	**CHECK**
야광봉 ヤ グァン ボン	노래방 ノ レ バン	「노래방(ノレバン)」は、「歌+部屋」という意味だよ。韓国にもいっぱいあるから最新のK-POPを歌っちゃおう！

恋愛

初恋	恋愛	純愛
チョッ サラン 첫사랑	ヨネ 연애	スネ 순애
熱愛	一目ぼれ	片思い
ヨレ 열애	チョンヌネ バナム 첫눈에 반함	ッチャク サラン 짝사랑
両思い	彼氏	彼女
ソロ チョアハダ 서로 좋아하다	ナムジャチング 남자친구	ヨジャチング 여자친구
恋人	カップル	**CHECK** 韓国のカップルは「ペアルック」が当たり前。街中で、おそろいのファッションのカップルをよく見かけるよ！
エイン 애인	コプル 커플	
CHECK 韓国のデートは映画が一番人気！ 映画を観てから食事というのが定番のデートコースだよ。	デート	ハグ
	テイトゥ 데이트	ホグ ポウン 허그・포옹
キス	ファーストキス	H／セックス
キス 키스	チョッ キス 첫키스	ソングァンゲ セクス 성관계／섹스

初体験	記念日	**CHECK**
チョッ キョン ホム 첫경험	キ ニョ ミル 기념일	韓国では、106ページの「毎月14日」の記念日以外にも、付き合って100日目、200日目……、と記念日が続くよ！
同棲	遠距離恋愛	ラブラブ
トン ゴ 동거	ウォン ゴ リ ヨ ネ 원거리 연애	ロ ブ ロ ブ 러브 러브
ペアルック	ロマンティック	合コン
コ ブル ルク 커플룩	ロ メン ティク 로맨틱	ミ ティン 미팅
紹介	ナンパ	出会い
ソ ゲ 소개	ホン ティン 헌팅	マン ナム 만남
告白	ラブレター	プロポーズ
コ ベク 고백	ロ ブ レ ト 러브레터	プ ロ ポ ジュ 프로포즈
婚約	結婚／結婚式	新婚旅行
ヤ コン 약혼	キョ ロン　キョ ロン シク 결혼 / 결혼식	シ ノン ニョ ヘン 신혼여행
浮気／不倫	けんか	失恋／離婚
パ ラム　ブル リュン 바람 / 불륜	ッサ ウム　タ トゥム 싸움·다툼	シ リョン　イ ホン 실연 / 이혼

Column

ピンポイントレッスン 6

毎月「14日」は愛の記念日

♥韓国人はイベント大好き

韓国では、特にカップルは、ことあるごとにイベントが欠かせません。驚くのはバレンタインデーとホワイトデーのみならず、毎月14日は必ずイベントがあること。もちろん誕生日やクリスマスもあります。男性は本当に大忙しなんです（笑）。

韓国人の愛の記念日			
	1月14日 ダイアリーデー	다이어리 데이 (ダイオリ デイ)	恋人に日記帳を贈る日
	2月14日 バレンタインデー	밸런타인데이 (ベロンタインデイ)	女性が男性にチョコレートを渡す日
	3月14日 ホワイトデー	화이트 데이 (ファイトゥ デイ)	男性が女性にマシュマロなどを渡す日
	4月14日 ブラックデー	블랙 데이 (ブルレク デイ)	恋人のいない男女が、黒い服を着て、ジャージャー麺を食べる日
	5月14日 イエローデー	옐로 데이 (イェルロ デイ)	恋人のいない男女が、黄色い服を着て、カレーを食べる日
	6月14日 キスデー	키스 데이 (キス デイ)	恋人同士は堂々とキスをしてもいい日
	7月14日 シルバーデー	실버 데이 (シルボ デイ)	恋人同士が銀製品を贈り合う日
	8月14日 グリーンデー	그린 데이 (クリン デイ)	恋人同士が山や森に出かける日
	9月14日 フォトデー	포토 데이 (ポト デイ)	恋人同士が記念写真を撮る日
	10月14日 ワインデー	와인 데이 (ワイン デイ)	恋人同士でワインを飲んで楽しむ日
	11月14日 ムービーデー	무비 데이 (ムビ デイ)	恋人や友達と映画を楽しむ日
	12月14日 ハグデー	허그 데이 (ホグ デイ)	恋人同士がハグをし合い、お互いの愛を確かめ合う日

※「14日」の代表的な記念日をまとめています。

7日目

パソコン&スマホで ハングルを使おう！

韓国語に慣れてきたら、パソコンやスマホでコミュニケーションにトライ！　芸能人と話せるかも？

パソコン&スマホでできること

　最終日の今日は実践編。パソコンやスマートフォンを使って、韓国の最新ニュースをチェックしたり、Twitterやfacebookで、いろいろな人にアクセスしてみましょう。

パソコン&スマホで、こんなことができるよ！

大好きな
スターやアイドルの
最新ニュースをGET！

翻訳サイトを使って、
韓国語のサイトを
日本語に翻訳！

スマホのアプリを使って、
正しい発音をチェック！

Twitterやfacebookで、
友達や芸能人とも
直接交流できる！

POINT！
パソコンやスマホは
とっても便利！
韓国語の勉強や
情報収集に使おう！

パソコンでハングル入力（Windows編）

まずはハングルの入力方法を覚えましょう。パソコンでハングルが打てれば検索もTwitterもできてとっても便利！

設定方法　Windows Vista、7対応

① 「スタート（または画面左下のWindowsのマーク）」をクリックして「コントロールパネル」を選択。
② 「時計、言語、および地域」をクリックし、「地域と言語のオプション」をクリック。
③ 「キーボードと言語」タブを選択して「キーボードの変更」をクリッし、「追加」ボタンをクリック。
④ 「韓国語」の「Microsoft IME」にチェックを入れ、「OK」をクリックと、韓国語が追加される。
⑤ キーボード左下の「SHIFT」+「Alt」キーを同時に押し下げると、ハングル入力の設定完了。

日本語入力に戻すときは？
「SHIFT」+「Alt」キーを同時に押し下げると日本語入力に戻ります。

文字を入力してみよう！

ハングルは子音→母音の順番で入力します。子音→母音の次にもう一度子音を選択すると、パッチムを入力できます。上の図で1マスに2文字ある場合、「Shift」を押せば上にある文字を入力できます。ピンクのボタンは左手で、グレーのボタンは右手で入力しましょう。

109

スマホでハングル入力（Android編）

「GALAXY」「Xperia」などのAndroidスマホでもハングルを入力できます。次の手順で設定してみましょう。

設定方法

① ホーム画面から「Google Play」へ進む。
② マーケット内で「Google Korean IME」を検索。
③ アプリの説明画面にある「無料」を2回押してインストール。
④ ホーム画面に戻り「設定」をタップ。次に「言語と文字入力」をタップし、「Korean keyboard」をタップする。
⑤ 「言語と文字入力」から「入力方法を選択」を選んで、「Korean keyboard」をタップすれば設定完了。

文字を入力してみよう！

나 → 오 → 와

基本はパソコンと同じで、子音→母音の順に入力します。

ㅚ、ㅙなど、キーボードにない合成母音を入力する場合は、まず文字の左側を入力します。

次に、キーボード左下の上向きの矢印を押しながらㅏ、ㅔなどの母音を入力すると合成母音に。

日本語入力に戻すときは？

スペースキーを長押しした後、「入力方法を選択」で「日本語」を選択すれば日本語入力に戻ります。

スマホでハングル入力（iPhone編）

　iPhoneは、購入した時点で韓国語のキーボードが内蔵されていますが、ハングルを入力するためには設定を変える必要があります。

設定方法

① ホーム画面の「設定」アイコンをタップして、「一般」をタップ。
② 画面内にある「キーボード」をタップ。
③ 画面をスクロールさせ、下部に表示される「新しいキーボードを追加」をタップ。
④ 画面をスクロールさせて「韓国語」をタップすれば設定完了。

文字を入力してみよう！

基本はパソコンと同じで、子音→母音の順に入力します。

合成母音の入力方法は左ページのAndroidと同じです。

パッチム、濃音を入力するときは？
AndroidもiPhoneも、子音→母音→子音の順に押せばパッチムに。キーボード左下の上向きの矢印を押せば、濃音や合成母音のㅐとㅖが入力できます。

日本語入力に戻すときは？
「キーボード」→「各国のキーボード」で「韓国語」のチェックを外せば日本語入力に戻ります。

パソコン&スマホの便利な使い方

　ハングルが入力できるようになったら、パソコン、スマホを使ってみましょう。便利な検索・翻訳サイト、アプリを紹介します。

検索・翻訳サイトならココ！

　あの芸能人のことを知りたい！　韓国語サイトに行ったけど何が書いてあるのかわからない……。そんなときに役立つサイトを集めました。

おすすめ検索サイト

NAVER（ネイバー）
http://www.naver.com/
韓国を代表するポータルサイト。検索のしやすさとクオリティの高さで大人気。

Daum
http://www.daum.net/
韓国No.2の検索サイト。「カフェ」というコミュニティや動画サービスが人気。

おすすめ翻訳サイト

エキサイト翻訳
http://www.excite.co.jp/world/korean/
「日本語から韓国語」「韓国語から日本語」に翻訳。画面左のボックスに翻訳したい言葉を入力して「翻訳」を押せばOK。

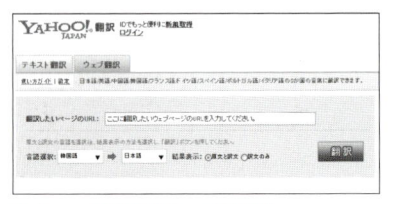

Yahoo！翻訳（ウェブ翻訳）
http://honyaku.yahoo.co.jp/url/
翻訳したい言語を選択し、翻訳したいページのURLを入力して「翻訳」すれば、韓国語のサイトを日本語で閲覧できる。

スマホで使えるお役立ちアプリ

　スマホには韓国語の勉強に役立つアプリがたくさんあります。入門者向け、旅行用、音楽アプリなど、人気の無料アプリを紹介します。このページのアプリは全てAndroidとiPhoneの両方に対応しています。

POPOの韓国語
韓国語入門者向けのアプリ。音声付きで文字の書き方をレッスンしたり、単語、フレーズの閲覧ができる。

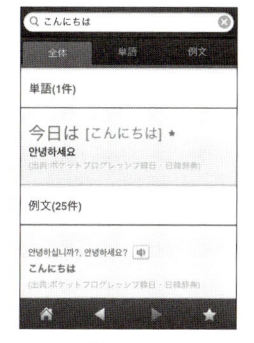

NAVER韓国語辞書
韓日、日韓のどちらも使える辞書。アナウンサーの声で発音を聞くことができる。約7万語収録。

Google翻訳
文字の翻訳だけでなく、スマホに話しかければ、日本語から韓国語、韓国語から日本語に翻訳してくれる。

MBC Radio mini
韓国を代表する放送局によるラジオアプリ。音楽、ニュース、トーク番組などが楽しめる。

CamDictionary Free
韓国語のメニュー、看板などにカメラをかざすと日本語に翻訳してくれる、旅行先で役立つアプリ。

> **アプリを手に入れるには？**
> Androidなら「Google Play」、iPhoneなら「App Store」でほしいアプリを検索。「無料」のところをタップするとインストールできます。

Twitter & facebookを使ってみよう！

　最後のレッスンは、Twitterとfacebookの使い方です。僕もやっているから、気軽に遊びにきてね！

Twitterを楽しもう！

　短い文章（ツイート）を投稿して、仲間（フォロワー）たちで共有し合うTwitter。芸能人や友達のツイートに参加してみましょう。

設定方法

① Twitter（https://twitter.com/）にアクセス。
② ユーザー名、メールアドレスなどを入力して「Twitterに登録」をクリック。
③ 次の画面で「アカウントを作成する」をクリック。
④ 登録したメールアドレスに届いたメールに書かれたURLにアクセスすれば登録完了。

楽しみ方

友達や好きな芸能人のTwitterにアクセスしたら、「フォローする」を押してみよう。フォローした人がツイートすると自分のページに新しいツイートが通知されるよ。返信したい場合はツイートの下にある「返信」をクリックすればOK。自分がツイートしたい場合は、「ツイートする」をクリックすれば文字を入力できるよ。

POINT!

僕のTwitterアカウントは「@sojaehyunhungle」、facebookは、「So Jaehyun」で検索してね！

facebookを楽しもう！

facebookは韓国でも大人気。同じ趣味の人が集まる「コミュニティ」に参加したりして、情報交換を楽しみましょう。

設定方法

① facebook (https://facebook.com/) にアクセス。
② 画面の内容に従ってプロフィール情報などを設定すれば登録完了。

楽しみ方

facebookは、実名での登録が義務付けられているから、友達が登録していたら見つけられるよ。僕は「So Jaehyun」で登録したからfacebookのページで検索してみてね。この本に載っている単語や文章を撮影した動画をfacebookにアップするからお楽しみに！

スラングでアピール！

スラングを使えば表現力アップ!?　自分のコメントに入れてみよう。

ウン　ウン ㅇ ㅇ	「うんうん」「そうね」という意味。 あいづちを打つときにも使います。	
フ　フ ㅎ ㅎ	笑い声を表しています。 「フフ」とはにかんで笑うときに使います。	
ドル　ドル ㄷ ㄷ	「ブルブル」と震えているようすを表すスラング。 怖いときに使います。	
ハ　イ ㅎ ㅇ	英語の「Hi」の意味。あいさつをするときに使います。	
チュ　ッカ　チュ　ッカ ㅊ ㅋ ㅊ ㅋ	「おめでとう」という意味。 誕生日のお祝いコメントなどで使います。	
ウ　ッチュ　ッチュ 우 쭈 쭈	「よちよち〜」と、赤ちゃんをあやすようにかわいがるときに使います。	

115

Column

ピンポイントレッスン 7

日本語と間違えやすい言葉

♥聞き間違い注意！ の単語

韓国語には、音だけ聞くと日本語のようで、全くちがう意味を持つものもあるので要注意。代表的なものをまとめました。

発音は同じだけど意味はちがう！

日本語	韓国語
ネギ（葱） ←	내기 ネギ（賭け事）
オレ（俺） ←	오래 オレ（長い間）
コグマ（小熊） ←	고구마 コグマ（サツマイモ）
シニン（死人） ←	신인 シニン（新人）
ユリ（百合） ←	유리 ユリ（ガラス）
トマンナヨ（止まんなよ） ←	또 만나요 ットマンナヨ（また会いましょう）
ナオセヨ（直せよ） ←	나오세요 ナオセヨ（出てきてください）

116

SPECIAL LESSON

発音の変化に
チャレンジ！

最後のレッスンは発音について詳しく説明するよ。
僕の発音の真似をしてみてね！

SPECIAL LESSONの発音をYoutubeでCHECK！

119〜121ページ   122〜125ページ

上のQRコードを読み取るか、Youtubeで、 ジェヒョン ハングル で検索してね！

文字が続くと発音が変化することも!

　これまでのレッスンでは、母音、子音など、それぞれの文字の発音を勉強しました。でも韓国語は下の図のように、文字と文字の音をつなげたり、濁音で発音したりと、文字の前後にどんな文字があるかによって、発音が変化することがあります。最後のスペシャルレッスンでは超実践編として、6つの主な発音の変化を学習しましょう。

연예인（芸能人）の場合

表記通りの発音
ヨンエイン
연예인

➡

実際の発音
ヨネイン
여네인

POINT!

発音の変化は「慣れ」だよ！いっぱい練習しよう!!

音がつながる「連音化」①

前後の音をつなげて発音することを「連音化」といいます。ルールは2つありますが、ひとつめから覚えましょう。ㅇ以外のパッチムがある文字にㅇが続くときは、パッチムと母音をつなげて発音します。

日本語	表記通りの発音	実際の発音
日本人	일본인 (イル ボン イン)	(일보닌) (イル ボ ニン)
韓国人	한국인 (ハン グㇰ イン)	(한구긴) (ハン グ ギン)
国語	국어 (クㇰ オ)	(구거) (ク ゴ)
単語	단어 (タン オ)	(다너) (タ ノ)
日曜日	일요일 (イル ヨ イル)	(이료일) (イ リョ イル)
人は	사람은 (サ ラㇺ ウン)	(사라믄) (サ ラ ムン)

※（ ）内のハングルは、発音の変化を説明するための表記です。

発音はYouTubeでCHECK！ ジェヒョン ハングル で検索しよう!!

音がつながる「連音化」②

　連音化の2つめのルールです。パッチムのㄴ、ㄹ、ㅁ、ㅇにㅎで始まる文字が続くとき、ㅎはほとんど発音せずに、ㅎに続く母音と音をつなげて発音したりします。

日本語	表記通りの発音	実際の発音
銀行	은행 (ウンヘン)	(으냉) (ウネン)
暗号	암호 (アムホ)	(아모) (アモ)
刊行	간행 (カンヘン)	(가냉) (カネン)
お元気に	안녕히 (アンニョンヒ)	(안녕이) (アンニョンイ)
働く	일하다 (イルハダ)	(이라다) (イラダ)
話す	말하다 (マルハダ)	(마라다) (マラダ)

※（　）内のハングルは、発音の変化を説明するための表記です。

濁った音で発音する「濁音化」

　音を濁らせて発音することを「濁音化」といいます。ㄱ、ㄷ、ㅂ、ㅈの4つの子音は、前後に母音があるか、すぐ前にパッチムのㄴ、ㄹ、ㅁ、ㅇがあると音を濁らせて発音します。

日本語	表記通りの発音	実際の発音
家具	가구 (カク)	가구 (カグ)
海	바다 (パタ)	바다 (パダ)
夫婦	부부 (ププ)	부부 (ププ)
日本	일본 (イルポン)	일본 (イルボン)
感動	감동 (カムトン)	감동 (カムドン)
指輪	반지 (パンチ)	반지 (パンヂ)

発音はYouTubeでCHECK！　ジェヒョン ハングル で検索しよう!!

つまった音で発音する「濃音化(のうおんか)」

つまった音で発音することを「濃音化」といいます。ㄱ[k]、ㄷ[t]、ㅂ[p]と発音するパッチムのすぐ次に続く子音ㄱ、ㄷ、ㅂ、ㅅ、ㅈは、頭に小さい「っ」をつけるように、つまった音で発音します。

日本語	表記通りの発音	実際の発音
食堂	식당 (シク タン)	(식땅) (シク ッタン)
宿題	숙제 (スク チェ)	(숙쩨) (スク ッチェ)
机	책상 (チェク サン)	(책쌍) (チェク ッサン)
入口	입구 (イプ ク)	(입꾸) (イプ ック)
雑誌	잡지 (チャプ チ)	(잡찌) (チャプ ッチ)
昼寝	낮잠 (ナッ チャム)	(낮짬) (ナッ ッチャム)

※（　）内のハングルは、発音の変化を説明するための表記です。

[n][m][ng]の音で発音する「鼻音化」

　ㄷ[t]、ㅂ[p]、ㄱ[k]と発音するパッチムの次に子音ㄴ、ㅁが続くと、それぞれㄴ[n]、ㅁ[m]、ㅇ[ng]と発音し、ㄱ[k]、ㄷ[t]、ㅂ[p]、ㅁ[m]、ㅇ[ng]と発音するパッチムの次のㄹ[l]は、ㄴ[n]の発音になります。

日本語	表記通りの発音	実際の発音
昔	옛날 (イェッ ナル)	(옌날) (イェン ナル)
十万	십만 (シプ マン)	(심만) (シム マン)
食欲	입맛 (イプ マッ)	(임맛) (イム マッ)
法律	법률 (ポプ リュル)	(범뉼) (ポム ニュル)
昨年	작년 (チャク ニョン)	(장년) (チャン ニョン)
学年	학년 (ハク ニョン)	(항년) (ハン ニョン)

※（　）内のハングルは、発音の変化を説明するための表記です。

強く息を吐いて発音する「激音化(げきおんか)」

　5つめのルールは「激音化」です。ㄱ[k]、ㄷ[t]、ㅂ[p]、ㅈ[ch]とㅎが隣り合わせになったときは、それぞれ激音のㅋ[kʰ]、ㅌ[tʰ]、ㅍ[pʰ]、ㅊ[chʰ]になり、息を強く吐きながら発音します。

日本語	表記通りの発音	実際の発音
祝賀	축하 (チュク ハ)	(추카) (チュ カ)
役割	역할 (ヨク ハル)	(여칼) (ヨ カル)
よい	좋다 (チョッ タ)	(조타) (チョ タ)
置く	놓다 (ノッ タ)	(노타) (ノ タ)
急だ	급하다 (クプ ハ ダ)	(그파다) (ク パ ダ)
入学	입학 (イプ ハク)	(이팍) (イ パク)

※（　）内のハングルは、発音の変化を説明するための表記です。

[n] の音を [l] の音で発音する「流音化」

最後のルールは「流音化」です。ㄴ[n]の音をㄹ[l]の音で発音することを流音化といいます。ㄴ[n]とㄹ[l]が隣り合わせになったときは、ㄴ[n]の音をㄹ[l]の音で発音します。

日本語	表記通りの発音	実際の発音
韓流	한류 (ハン リュ)	(할류) (ハル リュ)
新羅	신라 (シン ラ)	(실라) (シル ラ)
便利	편리 (ピョン リ)	(펼리) (ピョル リ)
連絡	연락 (ヨン ラク)	(열락) (ヨル ラク)
一年	일년 (イル ニョン)	(일련) (イル リョン)
元日	설날 (ソル ナル)	(설랄) (ソル ラル)

※（ ）内のハングルは、発音の変化を説明するための表記です。

発音はYouTubeでCHECK！ ジェヒョン ハングル で検索しよう!!

おわりに

　7日間のレッスンはいかがでしたか。疲れましたか？
　まだまだものたりない！　って思ってくれているとしたら頼もしいです（笑）。
　レッスンはここまでですが、最後に僕からひとつだけお願いがあります。
　これからも、毎日少しずつでいいから、韓国語の勉強を続けてほしいです。
　単語をノートに繰り返し10個書いてみる、韓国語のフレーズを10回発音してみる、K-POPを聞いたり歌ったり、韓流ドラマを見たりするのもいいですね。僕も日本のドラマをたくさん見て、日本語を覚えました。周りに韓国人がいたら、積極的に話しかけてみるのもいいでしょう。
　韓国語を覚えたいと思ったきっかけを忘れずに、根気よく勉強を続けてください。そうすれば、必ず韓国語をマスターできます。
　この本であなたに出会えたことを感謝します。
　またいつか、お会いする日を楽しみにしています。
　さようなら。

2013年7月
ソ・ジェヒョン

또 만나요!
(また会いましょう!)

ソ・ジェヒョン

1983年生まれ。ソウル市江南区在住。中国復旦大学卒。2007年に来日し、約2年間、韓国語の講師を務める。甘いマスクと、やさしくていねいな教え方で、生徒からの絶大な支持を得るも、2009年に惜しまれながら帰国。現在は映像製作の仕事に携わるかたわら、プライベートで韓国語個人レッスンを行う。

編集	株式会社ゴーシュ（五島洪）
	http://gauche.co.jp
制作協力	市吉則浩（ハングル韓国語教室）
	http://www.corealabo.jp
カバーデザイン	岡田恵子（ok design）
本文デザイン	佐藤レイ子
撮影	キム・ジャサン
イラスト	高樹はいど
DTP	株式会社秀文社

読む 書く 話す
7日間 ハングル個人レッスン

2013年9月10日　初版印刷
2013年9月20日　初版発行

著　者	ソ・ジェヒョン
発行者	小林悠一
発行所	株式会社東京堂出版
	〒101-0051　東京都千代田区神保町1-17
	電話　(03) 3233 - 3741
	振替　00130 - 7 - 270
	http://www.tokyodoshuppan.com/

印刷・製本　図書印刷株式会社

ISBN978-4-490-20839-9 C2087
©Gauche, 2013, Printed in Japan